# 中华人民共和国
# 行政许可法

## 注释本

法律出版社法规中心 编

法律出版社
LAW PRESS CHINA
·北京·

# 图书在版编目（CIP）数据

中华人民共和国行政许可法注释本 / 法律出版社法规中心编. -- 4 版. -- 北京：法律出版社，2025.（法律单行本注释本系列）. -- ISBN 978-7-5197-9634-1

Ⅰ. D922.112.5

中国国家版本馆 CIP 数据核字第 2024RC3842 号

中华人民共和国行政许可法注释本
ZHONGHUA RENMIN GONGHEGUO
XINGZHENGXUKEFA ZHUSHIBEN

法律出版社法规中心 编

责任编辑 陶玉霞
装帧设计 李 瞻

| | | |
|---|---|---|
| 出版发行 法律出版社 | 开本 850 毫米×1168 毫米 1/32 | |
| 编辑统筹 法规出版分社 | 印张 5.5 字数 160 千 | |
| 责任校对 张红蕊 | 版本 2025 年 1 月第 4 版 | |
| 责任印制 耿润瑜 | 印次 2025 年 1 月第 1 次印刷 | |
| 经　　销 新华书店 | 印刷 涿州市星河印刷有限公司 | |

地址:北京市丰台区莲花池西里 7 号(100073)
网址:www.lawpress.com.cn　　　　　销售电话:010-83938349
投稿邮箱:info@lawpress.com.cn　　　客服电话:010-83938350
举报盗版邮箱:jbwq@lawpress.com.cn　咨询电话:010-63939796
版权所有·侵权必究

书号:ISBN 978-7-5197-9634-1　　　　定价:20.00 元
凡购买本社图书，如有印装错误，我社负责退换。电话:010-83938349

# 编辑出版说明

现代社会是法治社会，社会发展离不开法治护航，百姓福祉少不了法律保障。遇到问题依法解决，已经成为人们处理矛盾、解决纠纷的不二之选。然而，面对纷繁复杂的法律问题，如何精准、高效地找到法律依据，如何完整、准确地理解和运用法律，日益成为人们"学法、用法"的关键所在。

为了帮助读者快速准确地掌握"学法、用法"的本领，我社开创性地推出了"法律单行本注释本系列"丛书，至今已十余年。本丛书历经多次修订完善，现已出版近百个品种，涵盖了社会生活的重要领域，已经成为广大读者学习法律、应用法律之必选图书。

本丛书具有以下特点：

**1. 出版机构权威**。成立于1954年的法律出版社，是全国首家法律专业出版机构，始终秉承"为人民传播法律"的宗旨，完整记录了中国法治建设发展的全过程，享有"社会科学类全国一级出版社"等荣誉称号，入选"全国百佳图书出版单位"。

**2. 编写人员专业**。本丛书皆由相关法律领域内的专业人士编写，确保图书内容始终紧跟法治进程，反映最新立法动态，体现条文本义内涵。

**3. 法律文本标准**。作为专业的法律出版机构，多年来，我社始终使用全国人民代表大会常务委员会公报刊登的法律文本，积淀了丰富的标准法律文本资源，并根据立法进度及时更新相关内容。

**4. 条文注解精准。** 本丛书以立法机关的解读为蓝本，给每个条文提炼出条文主旨，并对重点条文进行注释，使读者能精准掌握立法意图，轻松理解条文内容。

**5. 配套附录实用。** 书末"附录"部分收录的均为重要的相关法律、法规和司法解释，使读者在使用中更为便捷，使全书更为实用。

需要说明的是，本丛书中"适用提要""条文主旨""条文注释"等内容皆是编者为方便读者阅读、理解而编写，不同于国家正式通过、颁布的法律文本，不具有法律效力。本丛书不足之处，恳请读者批评指正。

我们用心打磨本丛书，以期待为法律相关专业的学生释法解疑，致力于为每个公民的合法权益撑起法律的保护伞。

法律出版社法规中心

2024 年 12 月

# 目 录

《中华人民共和国行政许可法》适用提要 ………………… 1

## 中华人民共和国行政许可法

第一章 总则 ……………………………………………… 5
 第一条 立法宗旨和依据 ………………………………… 5
 第二条 行政许可的含义 ………………………………… 6
 第三条 适用范围 ………………………………………… 7
 第四条 合法原则 ………………………………………… 8
 第五条 公开、公平、公正、非歧视原则 ……………… 9
 第六条 便民和效率原则 ……………………………… 10
 第七条 陈述权、申辩权和救济权 …………………… 11
 第八条 信赖保护原则 ………………………………… 12
 第九条 行政许可的转让 ……………………………… 13
 第十条 监督检查原则 ………………………………… 14
第二章 行政许可的设定 ………………………………… 15
 第十一条 设定目的 …………………………………… 15
 第十二条 行政许可的设定事项 ……………………… 15
 第十三条 可以不设行政许可的事项 ………………… 15
 第十四条 法律、行政法规和行政决定设定行政
     许可权限 …………………………………… 16
 第十五条 地方性法规、地方政府规章设定行政

　　　　　　　许可权限……………………………………… 17
　　第十六条　行政许可规定权……………………………… 18
　　第十七条　禁止越权设定………………………………… 19
　　第十八条　行政许可应当明确规定的事项……………… 19
　　第十九条　设定前的意见听取…………………………… 20
　　第二十条　行政许可评价制度…………………………… 21
　　第二十一条　有关地区经济事务行政许可的取消……… 22
第三章　行政许可的实施机关………………………………… 23
　　第二十二条　行政许可实施主体的一般规定…………… 23
　　第二十三条　法律法规授权的组织实施行政许可……… 23
　　第二十四条　委托实施行政许可的主体………………… 24
　　第二十五条　相对集中行政许可权……………………… 25
　　第二十六条　统一、联合实施…………………………… 26
　　第二十七条　行政机关及其工作人员的纪律约束……… 26
　　第二十八条　授权专业组织实施的指导性规定………… 27
第四章　行政许可的实施程序………………………………… 28
　第一节　申请与受理……………………………………… 28
　　第二十九条　申请要件…………………………………… 28
　　第三十条　许可公示……………………………………… 29
　　第三十一条　申请材料真实……………………………… 30
　　第三十二条　对行政许可申请的处理…………………… 31
　　第三十三条　推行电子政务……………………………… 32
　第二节　审查与决定……………………………………… 32
　　第三十四条　审查行政许可材料………………………… 32
　　第三十五条　多层级行政机关实施行政许可的审查
　　　　　　　　程序………………………………………… 33
　　第三十六条　关系他人重要利益的行政许可审查
　　　　　　　　程序………………………………………… 34

第三十七条　许可决定的期限……………………… 35
　　第三十八条　许可决定的作出……………………… 36
　　第三十九条　行政许可证件形式…………………… 36
　　第四十条　行政许可公开…………………………… 37
　　第四十一条　许可的效力范围……………………… 37
　第三节　期限…………………………………………… 38
　　第四十二条　作出许可决定的期限………………… 38
　　第四十三条　下级行政机关初审期限……………… 39
　　第四十四条　行政许可证件的颁发、送达期限…… 39
　　第四十五条　需排除时限…………………………… 40
　第四节　听证…………………………………………… 41
　　第四十六条　行政机关主动举行听证的行政
　　　　　　　　许可事项……………………………… 41
　　第四十七条　听证权的告知和听证费用…………… 42
　　第四十八条　听证程序……………………………… 43
　第五节　变更与延续…………………………………… 44
　　第四十九条　变更程序……………………………… 44
　　第五十条　许可有效期的延续……………………… 45
　第六节　特别规定……………………………………… 46
　　第五十一条　特别程序优先适用…………………… 46
　　第五十二条　国务院实施行政许可的程序………… 46
　　第五十三条　特许许可方式………………………… 46
　　第五十四条　认可许可……………………………… 47
　　第五十五条　核准许可……………………………… 48
　　第五十六条　登记许可……………………………… 49
　　第五十七条　按序许可……………………………… 49
第五章　行政许可的费用……………………………… 50
　　第五十八条　禁止违规收费及经费的财政保障…… 50

第五十九条　依法收费并上缴 …………………… 50
第六章　监督检查 ………………………………………… 51
　　第六十条　上级对下级的监查 …………………… 51
　　第六十一条　对被许可人的监管 ………………… 52
　　第六十二条　对被许可产品、场所、设备的监管 … 52
　　第六十三条　违法监督检查 ……………………… 53
　　第六十四条　对被许可人跨域违法行为的抄告 … 53
　　第六十五条　举报监督 …………………………… 54
　　第六十六条　对资源开发、利用被许可人的监管 … 54
　　第六十七条　对市场准入被许可人的监管 ……… 54
　　第六十八条　对重要设备、设施的自检、监查 …… 55
　　第六十九条　对违法行政许可的撤销 …………… 55
　　第七十条　行政许可注销 ………………………… 57
第七章　法律责任 ………………………………………… 58
　　第七十一条　违规许可的改正、撤销 …………… 58
　　第七十二条　行政机关及其工作人员的违规责任 … 58
　　第七十三条　行政机关工作人员违法收取财物 … 59
　　第七十四条　行政机关违法实施许可 …………… 59
　　第七十五条　行政机关违规收费 ………………… 60
　　第七十六条　损害赔偿责任 ……………………… 60
　　第七十七条　行政机关不履行监督或监督不力 … 61
　　第七十八条　对有隐瞒情况等行为的申请人的
　　　　　　　　处理 ………………………………… 61
　　第七十九条　对以欺骗等手段取得许可的处罚 … 61
　　第八十条　对被许可人违法行为的处罚 ………… 62
　　第八十一条　对未经许可擅自从事相关活动的
　　　　　　　　处罚 ………………………………… 62

第八章 附则·············································· 64
　　第八十二条 期限的计算································ 64
　　第八十三条 施行日期································ 64

## 附　录

国务院关于贯彻实施《中华人民共和国行政许可法》
　　的通知(2003.9.28)·································· 65
国务院法制办公室对《关于提请解释〈中华人民共和国
　　行政许可法〉有关适用问题的函》的复函(2004.8.2)······ 69
卫生行政许可管理办法(2017.12.26修订)··············· 72
交通行政许可实施程序规定(2004.11.22)················ 85
公安机关行政许可工作规定(2005.9.17)················· 91
劳务派遣行政许可实施办法(2013.6.20)················· 99
气象行政许可实施办法(2017.1.18)····················· 106
旅游行政许可办法(2018.3.9)·························· 116
中华人民共和国海关行政许可管理办法(2020.12.22)····· 127
农业农村部行政许可实施管理办法(2021.12.14)·········· 139
市场监督管理行政许可程序暂行规定(2022.3.24修正)····· 145
最高人民法院关于审理行政许可案件若干问题的规定
　　(2009.12.14)······································· 162

# 《中华人民共和国行政许可法》
# 适用提要

行政许可,是行政机关依法对社会、经济事务实行事前监督管理的一种重要手段,《行政许可法》①的制定,对于巩固行政审批制度改革成果,履行我国对外承诺,进一步推进行政管理体制改革,从源头上预防和治理腐败,都有重要意义。它是继《行政诉讼法》、《国家赔偿法》、《行政复议法》和《行政处罚法》之后的又一部重要的行政程序方面的法律,是我国社会主义民主和法治建设的一件大事。

《行政许可法》遵循合法与合理、效能与便民、监督与责任原则的总体思路,把制度创新摆在突出位置,确立了行政许可必须遵循的六项原则:(1)合法原则。设定和实施行政许可,都必须严格依照法定的权限、范围、条件和程序进行。(2)公开、公平、公正、非歧视原则。有关行政许可的规定必须公布,未经公布的,不得作为实施行政许可的依据;行政许可的实施和结果,除涉及国家秘密、商业秘密或者个人隐私的外,应当公开;对符合法定条件、标准的申请人,要一视同仁,不得歧视。(3)便民原则。行政机关在实施行政许可过程中,应当减少环节、降低成本,提高办事效率,提供优质服务。(4)救济原则。公民、法人或者其他组织对行政机关

---

① 为便于阅读,本书中的法律法规名称均使用简称。

实施行政许可,享有陈述权、申辩权;有权依法申请行政复议或者提起行政诉讼;其合法权益因行政机关违法实施行政许可受到损害的,有权依法要求赔偿。(5)信赖保护原则。公民、法人或者其他组织依法取得的行政许可受法律保护,行政机关不得擅自改变已经生效的行政许可,除非行政许可所依据的法律、法规、规章修改或者废止,或者准予行政许可所依据的客观情况发生重大变化,为了公共利益的需要,确需依法变更或者撤回已经生效的行政许可。但是,由此给公民、法人或者其他组织造成财产损失的,行政机关应当依法给予补偿。(6)监督原则。县级以上人民政府必须建立、健全对行政机关实施行政许可的监督制度,上级行政机关应当加强对下级行政机关实施行政许可的监督检查,及时纠正行政许可实施中的违法行为。同时,行政机关也要对公民、法人或者其他组织从事行政许可事项的活动实施有效监督,发现违法行为应当依法查处。

《行政许可法》根据上述原则,确立了一系列重要制度,从行政许可的设定、实施以及监督与责任等环节对行政许可进行了全面规范。关于行政许可的设定,《行政许可法》同时规定了可以设定行政许可的事项范围与可以不设定行政许可的事项范围,对行政许可设定权作了严格规定;关于行政许可的实施,《行政许可法》规定了实施主体,对行政许可的申请、受理、审查、决定等程序和时限作了明确规定,并规定行政机关实施行政许可和对行政许可事项进行监督检查不得收取任何费用。针对一些行政机关重事前审批、轻事后监督的现象,《行政许可法》还规定了行政许可监督与责任制度,着重对实施行政许可之后的监督检查作了四个方面的规定:书面监督检查制度、实地监督检查制度、属地管辖制度、举报制度等。

2019年4月23日,十三届全国人大常委会第十次会议通过《关于修改〈中华人民共和国建筑法〉等八部法律的决定》,其中对

《行政许可法》的部分条款作出修改，主要包括：

（1）为保障当事人的合法权益，促进公平竞争，进一步增强行政许可设定和实施的公平性、公正性和平等性，在第5条第1款关于行政许可设定和实施的原则中增加了"非歧视"原则。（2）为进一步加强对相对人在申请行政许可过程中提交的商业秘密等信息的保护，在第5条第2款中增加规定，未经申请人同意，行政机关及其工作人员、参与专家评审等的人员不得披露申请人提交的商业秘密、未披露信息或者保密商务信息，法律另有规定或者涉及国家安全、重大社会公共利益的除外等。（3）为进一步加强行政许可设定和实施过程中对知识产权的保护，在第31条中增加了行政机关及其工作人员不得以转让技术作为取得行政许可的条件，以及不得在实施行政许可的过程中直接或者间接地要求转让技术的内容。（4）在第72条中增加规定了相应的法律责任。

《行政许可法》涉及的相关法规包括《建设行政许可听证工作规定》《海关行政许可管理办法》《民政部门实施行政许可办法》《交通行政许可实施程序规定》《卫生行政许可管理办法》《劳务派遣行政许可实施办法》《市场监督管理行政许可程序暂行规定》等。

《行政许可法》确定的一系列制度，不仅有利于促进行政许可行为的规范化、法制化，更重要的是从更深层次上促进政府职能转变、推进依法行政。通过贯彻《行政许可法》，将进一步改进政府管理方式，提高行政效率，降低行政成本，形成行为规范、运转协调、公正透明、廉洁高效的行政管理体制，不断提高各级行政机关依法行政的能力和水平。

# 中华人民共和国行政许可法

(2003年8月27日第十届全国人民代表大会常务委员会第四次会议通过 根据2019年4月23日第十三届全国人民代表大会常务委员会第十次会议《关于修改〈中华人民共和国建筑法〉等八部法律的决定》修正)

## 第一章 总 则

**第一条 【立法宗旨和依据】**①为了规范行政许可的设定和实施,保护公民、法人和其他组织的合法权益,维护公共利益和社会秩序,保障和监督行政机关有效实施行政管理,根据宪法,制定本法。

**条文注释**②

本条是关于《行政许可法》立法宗旨和立法依据的规定。本法的立法宗旨可以从以下两个方面进行理解:(1)其直接目的是规范行政许可的设定和实施。所谓行政许可设定权,就是规定公民、法人或者其他组织从事某些特定的活动,需要事先经行政机关批准的权力。本法在规范行政许可的设定上,主要从两个方面入手:一是规范行政许可的设定范围,明确了可以设定行政许可的主要事项;二是

---

①② 条文主旨、条文注释为编者所加,仅供参考,下同。

规范设定行政许可的主体,严格限制和减少设定主体。根据本法规定,享有行政许可设定权的,只有法律、行政法规(包括国务院的决定)、地方性法规以及省级人民政府规章。行政许可的实施,是指行政机关按照法定的程序,批准或不批准公民、法人或者其他组织的行政许可申请的活动以及对被许可人的监督和管理等。(2)其间接目的是实现保护公民利益和维护公共利益的统一。它体现了《行政许可法》的价值取向。主要包括:保护公民、法人和其他组织的合法权益;维护公共利益和社会秩序;保障和监督行政机关有效实施行政管理。

本法的立法依据是《宪法》。《宪法》具有最高的法律效力,一切法律、行政法规都不得同《宪法》相抵触。《宪法》关于公民基本权利和义务、国家权力机关和行政机关职权以及行政机关组织工作原则的规定,都是制定本法的重要依据。

**第二条 【行政许可的含义】本法所称行政许可,是指行政机关根据公民、法人或者其他组织的申请,经依法审查,准予其从事特定活动的行为。**

条文注释

本条是关于行政许可含义的规定。对于本法所规定的行政许可可以作以下几方面的理解:(1)行政许可是依申请的行政行为。没有相对人即公民、法人和其他组织的申请,行政机关不能主动颁发许可证或者执照。行政相对人提出申请,是颁发行政许可的前提条件。(2)行政许可的存在意味着法律的一般禁止,对许可事项必须有明确的法律规定。行政许可的内容是国家普遍禁止的活动,为了适应社会生活和生产的需要,对符合一定条件者解除禁止,允许其从事某项特定活动,享有特定权利和资格。(3)实施行政许可的行政机关要依法对行政相对人的申请进行审查。行政许可并不是一经申请即可取得,而要经过行政机关的依法审查。这种审查的结果,可能是给予或者不给予行政许可。(4)行政许可是一种授权性行政行为,即赋予行政相对人某种权利和资格,是一种准予当事人从事某种活动的行为。

关联法规

《卫生行政许可管理办法》第 2 条
《气象行政许可实施办法》第 2 条

**第三条 【适用范围】**行政许可的设定和实施,适用本法。有关行政机关对其他机关或者对其直接管理的事业单位的人事、财务、外事等事项的审批,不适用本法。

条文注释

本条是关于《行政许可法》适用范围的规定。

本条第 1 款从正面规定了适用本法的两个方面,行政许可的设定和实施,适用本法。

本条第 2 款明确规定不适用本法的事项有两类:一是有关行政机关对其他机关人事、财务、外事等事项的审批。每一个行政机关通常都承担特定的社会管理职能,属于管理者;但同时它们也是被管理者,国家对行政机关的人、财、物等实行集中统一管理,由指定的行政机关负责审批、划拨和监督等项工作,以保障国家财政资金运转的效率,人事任用的公平,促进行政机关的协调运转。财政、外事部门对这些事项的审批,虽然符合行政许可的一些特点,但它行使的不是一种社会管理职能,其对象是特定的行政机关,而不是非特定的公民、法人或者组织。因此,这种审批不属于行政许可,不适用本法。需要说明的是,这里的"其他机关"不仅包括了行政机关,还包括了国家权力机关、司法机关以及政党、团体等组织。二是行政机关对直属事业单位有关事项的审批。我国的法人组织中有企业、事业单位和国家机关。其中事业单位不同于企业法人,是为发展特定的事业而设立的法人组织,通常不以营利为目的,致力于发展社会公益事业,如学校、医院、科研单位和文艺团体等。由于历史的原因,我国社会公共事业和福利事业,很多都是由国家出资来兴办的,因此,我国的行政部门直接管理着一大批这样的事业单位。行政机关对这些单位进行管理,经常要对事业单位的各种事项进行审批。由于这种审批是基于行政机关对这些单位的直接隶属关系,也就是说,这些单位是国家出资兴办的,国家授权特定的行政部门来进行管理。这种审批权来源于国家出资,来源于资金划拨,不同于行政机关对一般性社会事务的管理,因此不属于行政许可,不适用本法。

除了本条明确规定不适用本法的行为外,在实践中还有一些容易同行政许可、行政审批相混淆,但不具有行政许可特征的行政行为。这些行政行为也不适用本法,主要有:一是内部审批行政行为,亦即上级行政机关基于行政隶属关系对下级行政机关有关请示报告事项的审批;二是处置财产权利的审批,如行政机关以出资人的身份对国有企业资产处置等事项的审批;三是行政机关确认财产权利及其他民事关系的登记。我国的登记种类很多,概括起来有两类:一类是确认登记,主要包括产权登记、抵押登记、结婚登记、收养登记、个人身份登记、特定事实登记等,不属于行政许可。这类登记属于事后程序,是保护和确认登记人的权利,而不是重新赋予其权利。在这类登记中,行政机关行使的不是行政管理权,而是以第三人的身份出现,起证实和确认作用。另一类是设立、开业登记。设立法人登记的实质是取得民事权利能力,取得行为能力。因此设立、开业登记都是行政许可。

**关联法规**

《国务院对确需保留的行政审批项目设定行政许可的决定》

《中国人民银行行政许可实施办法》第3条

《水行政许可实施办法》第3条

**第四条 【合法原则】设定和实施行政许可,应当依照法定的权限、范围、条件和程序。**

**条文注释**

本条是关于应当依法设定和实施行政许可的规定。

依法办事是法治的一项基本原则,它体现在行政管理领域,就是要依法行政。依法行政,简单地说,就是法定的行政机关,在法定的权限范围内,按照法定程序履行行政管理职责,并接受监督。行政机关的设立及其职权的赋予,应当由法律规定。行政机关要按照法律规定的权限和程序行使职权,并接受司法机关和有关机关的监督。本条的规定,就是依法办事原则、依法行政原则在设定和实施行政许可上的具体体现。

**关联法规**

《卫生行政许可管理办法》第4、5条

《水行政许可实施办法》第4条

---

**第五条 【公开、公平、公正、非歧视原则】**设定和实施行政许可,应当遵循公开、公平、公正、非歧视的原则。

有关行政许可的规定应当公布;未经公布的,不得作为实施行政许可的依据。行政许可的实施和结果,除涉及国家秘密、商业秘密或者个人隐私的外,应当公开。未经申请人同意,行政机关及其工作人员、参与专家评审等的人员不得披露申请人提交的商业秘密、未披露信息或者保密商务信息,法律另有规定或者涉及国家安全、重大社会公共利益的除外;行政机关依法公开申请人前述信息的,允许申请人在合理期限内提出异议。

符合法定条件、标准的,申请人有依法取得行政许可的平等权利,行政机关不得歧视任何人。

---

**条文注释**

本条是关于行政许可公开、公平、公正、非歧视原则的规定。公开、公平、公正、非歧视原则是现代行政程序法的重要原则。行政许可作为行政机关实施行政行为,实现行政管理目标的重要方式,也必须遵循这一重要原则。这就要求在设定和实施行政许可的过程中,有关行政许可的事项、条件、标准和程序要求的规定应当向社会公布,未经公布的,不得作为实施行政许可的依据。并且,行政许可的事项、程序和结果应当公开,接受相对人和社会公众的监督。同时,行政机关在实施行政许可时,必须平等地对待所有许可申请人。

对于符合法定条件、标准的,申请人有依法取得行政许可的平等权利,行政机关必须一视同仁,不得予以歧视。

**关联法规**

《卫生行政许可管理办法》第3条

《中国人民银行行政许可实施办法》第6条

《中国证券监督管理委员会行政许可实施程序规定》第4条

《公安机关行政许可工作规定》第3条

《司法行政机关行政许可实施与监督工作规则(试行)》第3条

《水行政许可实施办法》第5条

**第六条 【便民和效率原则】**实施行政许可,应当遵循便民的原则,提高办事效率,提供优质服务。

**条文注释**

本条是关于便民和效率原则的规定。

行政许可实施中的便民就是要方便公民、法人或者其他组织申请和获得行政许可,降低行政许可的成本。便民原则是一项重要原则,在诉讼、复议、仲裁等制度中,都体现了便民原则。本法把方便人民群众办事作为一项原则规定下来。具体要求如下:一是方便公民、法人或者其他组织申请。二是公开办事程序和制度。三是推行集中受理和统一受理。

效率原则要求行政许可机关在实施许可行为的各个阶段须严格遵守法律关于许可期限的规定,及时受理、审查、答复申请人的各项申请。首先,行政机关应严格遵守法律规定的受理期限和条件,及时受理行政相对人提出的许可申请,不得无故或巧立名目拖延受理。其次,行政机关应严格遵守法律规定的审查处理期限和条件,及时对受理的许可申请进行审查。行政机关在规定许可程序和许可条件时,不得在时间、地点、费用、取得救济途径等方面过分增加相对人负担,使之难以承受。

**关联法规**

《国务院全面推进依法行政实施纲要》

《卫生行政许可管理办法》第 3 条
《水行政许可实施办法》第 6 条

**第七条 【陈述权、申辩权和救济权】**公民、法人或者其他组织对行政机关实施行政许可,享有陈述权、申辩权;有权依法申请行政复议或者提起行政诉讼;其合法权益因行政机关违法实施行政许可受到损害的,有权依法要求赔偿。

**条文注释**

本条是关于公民、法人或者其他组织等行政许可相对人在行政机关实施行政许可行为时所享有的权利和相应的法律救济的一般性规定。首先,本条规定了公民、法人或者其他组织对行政机关实施行政许可享有陈述权和申辩权,即行政机关在作出是否准予行政许可的过程中,必须给予行政相对人陈述自己对事实的认定以及自己的主张和看法的机会,并在作出对相对人不利的决定时听取相对人意见,给予其说明理由、提出不同意见以辩驳行政机关提出的不利证据的机会。其次,本条规定了公民、法人或者其他组织对行政机关实施行政许可申请行政复议或提出行政诉讼的权利,以便公民在对行政机关作出的行政许可决定不服时能得到行政上和司法上的相应救济。同时,本条还规定了公民、法人或其他组织认为由于行政机关违法实施行政许可使其合法权益受到损害时,有依法取得国家赔偿的权利。

**关联法规**

《宪法》第 41 条
《行政复议法》第 3、11~13 条
《行政诉讼法》第 1~4、12、13 条
《国家赔偿法》第 4 条
《中国人民银行行政许可实施办法》第 21 条
《水行政许可实施办法》第 7 条

**第八条 【信赖保护原则】**公民、法人或者其他组织依法取得的行政许可受法律保护,行政机关不得擅自改变已经生效的行政许可。

行政许可所依据的法律、法规、规章修改或者废止,或者准予行政许可所依据的客观情况发生重大变化的,为了公共利益的需要,行政机关可以依法变更或者撤回已经生效的行政许可。由此给公民、法人或者其他组织造成财产损失的,行政机关应当依法给予补偿。

## 条文注释

本条是我国立法上首次对行政法上的信赖保护原则的规定。所谓信赖保护原则,是指行政决定一旦作出,就被推定为合法有效。法律要求相对人对此予以信任和依赖。相对人基于对行政决定的信任和依赖而产生的利益,也要受到保护。禁止行政机关以任何借口任意改变既有的行政决定,即便是自我纠正错误,也要受到一定的限制。只有在一定条件下,为了维护公共利益,行政机关才可以依法撤回或者改变生效的行政许可,但需要有严格的限制和条件。

根据该原则,《行政许可法》总结了我国的行政管理实践,对改变或者撤回行政许可的条件作了明确规定。这主要有两种情况:一是行政许可所依据的法律、法规、规章修改或者废止;二是准予行政许可所依据的客观情况发生重大变化。同时,对于因行政机关依法变更或者撤回已经生效的行政许可的行为给公民、法人或者其他组织造成财产上的损失的,行政机关应当依法给予补偿。行政机关撤回或者变更行政许可,给予补偿的前提条件有两个:一是对公民、法人或者其他组织的财产造成了损失。这种损失是客观存在的、确定的,而不是想象的或者是不确定的。这种损失只包括财产损失,不包括精神损失。二是财产损失与撤回或者变更行政许可有直接的、必然的因果联系。

### 关联法规

《国家赔偿法》第4条

**第九条 【行政许可的转让】依法取得的行政许可,除法律、法规规定依照法定条件和程序可以转让的外,不得转让。**

### 条文注释

本条是关于行政许可是否可以转让的规定。行政许可是否可以转让,是行政许可立法中一个备受关注的问题。现实中,一些人利用手中的权力,或者通过不正当关系,取得行政许可,然后转手倒卖,牟取暴利,在社会上造成极坏影响。针对这种情况,《行政许可法》对转让问题作了规定。既防止转让可能引发的社会问题,又适当允许通过转让配置许可资源。

行政许可原则上不得转让,主要有以下几种情况:(1)通过考试赋予公民特定资格的行政许可,或者根据法定条件赋予法人和其他组织特定的资格、资质的行政许可,被许可人不得转让;(2)按照技术标准和技术规范进行检验、检测、检疫,行政机关根据检验、检测、检疫的结果作出的行政许可决定,不得转让;(3)公民和社会组织通过登记取得的特定主体资格,也不得转让;(4)被许可人按照法定条件申请取得的直接关系国家安全、公共安全、人身健康、生命财产安全的许可,不得转让。

某些由申请人支付一定的价款,以公开、公平竞争方式取得的行政许可,可以转让。这是不得转让的例外情况,主要有:(1)以出让方式取得的土地使用许可;(2)矿产资源的采矿许可;(3)其他有偿取得的行政许可。如《海域使用管理法》规定,海域使用权可以依法转让,海域使用权转让的具体办法,由国务院规定,海域使用权可以依法继承。上述许可的一个共同特点是被许可人通过支付一定的价款有偿取得许可,允许这种许可依法转让,有利于优化自然资源和公共资源的配置。

### 关联法规

《海域使用管理法》第27条

《城镇国有土地使用权出让和转让暂行条例》第18~27条
《探矿权采矿权转让管理办法》
《安全生产许可证条例》第13、21条
《危险废物经营许可证管理办法》第15条
《卫生行政许可管理办法》第46条

**第十条 【监督检查原则】**县级以上人民政府应当建立健全对行政机关实施行政许可的监督制度,加强对行政机关实施行政许可的监督检查。

行政机关应当对公民、法人或者其他组织从事行政许可事项的活动实施有效监督。

**条文注释**

本条是关于监督检查原则的规定。

本条第1款是从对行政机关进行监督的角度来规定的。行政机关对公民、法人或者其他组织从事行政许可事项的活动应当实施有效监督。《行政许可法》的根本目的之一就是监督行政机关依法行政,为此就应建立起对行政机关实施行政许可的监督制度,加强对行政机关实施行政许可的监督检查。

本条第2款是从对公民、法人或者其他组织的角度来规定的。行政机关作为行政管理机关,在依法准予公民、法人或者其他组织从事特定活动之后,还负有对其取得行政许可以后从事许可活动进行监督检查的义务,这也是《行政许可法》关于保障行政机关依法行使职权的体现。

**关联法规**

《审计法》第2~5、18~33条

## 第二章　行政许可的设定

第十一条　【设定目的】设定行政许可,应当遵循经济和社会发展规律,有利于发挥公民、法人或者其他组织的积极性、主动性,维护公共利益和社会秩序,促进经济、社会和生态环境协调发展。

第十二条　【行政许可的设定事项】下列事项可以设定行政许可:

(一)直接涉及国家安全、公共安全、经济宏观调控、生态环境保护以及直接关系人身健康、生命财产安全等特定活动,需要按照法定条件予以批准的事项;

(二)有限自然资源开发利用、公共资源配置以及直接关系公共利益的特定行业的市场准入等,需要赋予特定权利的事项;

(三)提供公众服务并且直接关系公共利益的职业、行业,需要确定具备特殊信誉、特殊条件或者特殊技能等资格、资质的事项;

(四)直接关系公共安全、人身健康、生命财产安全的重要设备、设施、产品、物品,需要按照技术标准、技术规范,通过检验、检测、检疫等方式进行审定的事项;

(五)企业或者其他组织的设立等,需要确定主体资格的事项;

(六)法律、行政法规规定可以设定行政许可的其他事项。

第十三条　【可以不设行政许可的事项】本法第十二条所列事项,通过下列方式能够予以规范的,可以不设行政许可:

(一)公民、法人或者其他组织能够自主决定的;

（二）市场竞争机制能够有效调节的；

　　（三）行业组织或者中介机构能够自律管理的；

　　（四）行政机关采用事后监督等其他行政管理方式能够解决的。

　　**第十四条　【法律、行政法规和行政决定设定行政许可权限】**本法第十二条所列事项，法律可以设定行政许可。尚未制定法律的，行政法规可以设定行政许可。

　　必要时，国务院可以采用发布决定的方式设定行政许可。实施后，除临时性行政许可事项外，国务院应当及时提请全国人民代表大会及其常务委员会制定法律，或者自行制定行政法规。

**条文注释**

　　第14条是关于法律、行政法规和国务院的行政决定设定行政许可权限的规定。行政许可的设定是指在其他规范性法律文件尚未规定某种行政许可的情形下，该规范性文件首次对该种行政许可的实施机关、条件、程序、期限等作出规定。

　　根据本条规定，对于《行政许可法》第12条所列的事项，法律可以设定行政许可，尚未制定法律的，可以由行政法规设定行政许可。这里的法律是指全国人大及其常务委员会制定的法律，包括基本法律和普通法律。行政法规是国务院为领导和管理国家各项行政工作，根据宪法和法律制定的行政管理方面的规范性文件。

　　同时，本条规定，在必要时，国务院可以采用发布决定的方式设定行政许可，国务院发布的行政决定同样具有法律效力，可以成为行政机关实施行政行为的依据。但是，通过国务院发布行政决定的方式设定的行政许可实施后，除临时性行政许可事项外，国务院应当及时提请全国人民代表大会及其常务委员会制定法律，或者自行制定行政法规。

**关联法规**

《立法法》第 10~16、72 条

> **第十五条 【地方性法规、地方政府规章设定行政许可权限】**本法第十二条所列事项,尚未制定法律、行政法规的,地方性法规可以设定行政许可;尚未制定法律、行政法规和地方性法规的,因行政管理的需要,确需立即实施行政许可的,省、自治区、直辖市人民政府规章可以设定临时性的行政许可。临时性的行政许可实施满一年需要继续实施的,应当提请本级人民代表大会及其常务委员会制定地方性法规。
>
> 地方性法规和省、自治区、直辖市人民政府规章,不得设定应当由国家统一确定的公民、法人或者其他组织的资格、资质的行政许可;不得设定企业或者其他组织的设立登记及其前置性行政许可。其设定的行政许可,不得限制其他地区的个人或者企业到本地区从事生产经营和提供服务,不得限制其他地区的商品进入本地区市场。

**条文注释**

本条是关于地方性法规和省、自治区、直辖市人民政府规章设定行政许可的规定。

我国的立法体制是统一、分层级的。法律、行政法规、地方性法规、规章都是广义的"法"的组成部分,但它们的法律竞争力等级不同。在宪法之下,法律的效力等级最高,行政法规次之,它们属于中央立法,立法权限较大;地方性法规的效力等级低于行政法规,只在本行政区域有效;国务院部门规章和地方政府规章处于最低层级,立法权限较小。本法对地方性法规和地方政府规章的行政许可设定权的分配上,也体现了我国立法体制的特点。

**关联法规**

《立法法》第 80~87、93 条

**第十六条 【行政许可规定权】**行政法规可以在法律设定的行政许可事项范围内,对实施该行政许可作出具体规定。

地方性法规可以在法律、行政法规设定的行政许可事项范围内,对实施该行政许可作出具体规定。

规章可以在上位法设定的行政许可事项范围内,对实施该行政许可作出具体规定。

法规、规章对实施上位法设定的行政许可作出的具体规定,不得增设行政许可;对行政许可条件作出的具体规定,不得增设违反上位法的其他条件。

### 条文注释

本条是关于行政法规、地方性法规、规章规定行政许可事项的权限的规定。所谓行政许可的规定,是指在上位法已经对某种行政许可作出规定的前提下,在上位法设定的行政许可事项范围内,对实施行政许可作出具体规定。行政许可的规定是对现有的法的规范的具体化,不创制新的行为规范,是从"粗"到"细"。

根据本条规定,具有行政许可规定权的规范性法律文件包括行政法规、地方性法规和规章:(1)行政法规是国务院根据宪法和法律或者法律的授权制定的规范性文件。行政法规可以在法律设定的行政许可事项范围内,对实施该行政许可作出具体规定。(2)地方性法规是省、自治区、直辖市和较大的市的人大及其常委会在不同宪法、法律、行政法规相抵触的情况下制定的规范性文件,地方性法规既可以对法律设定的行政许可作出具体规定,也可以对行政法规设定的行政许可作出具体规定。(3)规章包括国务院部门规章和地方人民政府规章。规章可以在上位法设定的行政许可事项范围内,对实施该行政许可作出具体规定,以保证法律、法规的贯彻实施。

法规、规章在对上位法设定的行政许可作具体规定时,主要是对行政许可的条件、程序等作出具体规定,但应当注意两点:(1)不得增设行政许可;(2)不得增设违反上位法规定的其他条件。

**关联法规**

《立法法》第 99～114 条

**第十七条 【禁止越权设定】除本法第十四条、第十五条规定的外,其他规范性文件一律不得设定行政许可。**

**条文注释**

本条是关于禁止法律、行政法规、国务院决定、地方性法规和省级人民政府规章以外的规范性文件设定行政许可的规定。理解本条应当注意:(1)有设定权的机关设定行政许可,必须用本法规定的形式。全国人大及其常委会设定行政许可,应当用制定法律的形式;国务院设定行政许可,要通过制定行政法规、发布决定的形式;地方人大设定行政许可,要通过制定地方性法规的形式;省级人民政府设定行政许可,要通过规章的形式。《立法法》对法律、行政法规、地方性法规、规章规范的内容和制定程序的要求,是其成为法的渊源的必要条件,有设定权的机关设定行政许可,要用符合《立法法》规定的立法形式,不能以其他规范性文件的方式设定行政许可。如国务院不能通过转发部门文件的形式设定行政许可,也不能以办公厅文件的形式设定行政许可;地方人大不能通过决定的方式设定行政许可;省级人民政府也不能通过发布文件的形式设定行政许可。(2)没有行政许可设定权的其他机关不得以任何形式设定行政许可。除本法规定有行政许可设定权的机关外,其他一切机关、组织都不能设定行政许可。如军事机关、审判机关、检察机关不能设定行政许可;社会团体、行业组织也不能设定行政许可;省级人民政府以下的行政机关或者其内部机构也不能通过发文件的方式设定行政许可。上述机关或组织设定的行政许可,都是无效的。

**第十八条 【行政许可应当明确规定的事项】设定行政许可,应当规定行政许可的实施机关、条件、程序、期限。**

**条文注释**

本条是关于行政许可设定的具体内容的规定。依照本条规定,设定行政许可,应当包括以下几方面内容:(1)行政许可的实施机关。设定行政许可,应当对实施机关作出明确规定,以防止多头管理、重复许可。(2)行政许可的条件。行政许可的条件是申请人取得许可必须达到的最低要求,是行政机关决定是否许可的客观尺度。无论是法律、行政法规,还是地方性法规和规章,设定行政许可,都应当尽量明确许可的标准。如果法律、行政法规不能明确的,地方性法规和规章可以给予明确。(3)行政许可的程序。行政许可的程序是行政机关实施行政许可管理必须遵循的法定的方式、步骤、顺序、形式。科学、合理的程序是行政许可制度良好运行的必要保障。(4)行政许可的期限。行政许可的期限是作出行政许可决定的时间限制。规定期限限制,增强行政决定的可预期性,既是行政效率的要求,也可以防止行政许可机关故意拖延,有利于申请人的权利保护。

**第十九条 【设定前的意见听取】**起草法律草案、法规草案和省、自治区、直辖市人民政府规章草案,拟设定行政许可的,起草单位应当采取听证会、论证会等形式听取意见,并向制定机关说明设定该行政许可的必要性、对经济和社会可能产生的影响以及听取和采纳意见的情况。

**条文注释**

立法应当体现人民群众的意志,反映人民群众的意见、要求和建议。起草法律、法规草案是立法的一个环节,也需要体现立法民主的要求。尤其是设定行政许可,限制了公民的权利和自由,更应当让公民参与立法过程。此外,随着行政管理专业性、技术性的增强,立法还要听取各方面专家的意见。总之,立法就是要协调各方利益。要保证立法的公正性、科学性,就要协调好全局利益与局部利益、集体利益和个人利益、长远利益和眼前利益等的关系。为了保证立法质量,起草法律、法规草案要听取方方面面的意见,不仅听管理部门的意见,还要听被管理方的意见;不仅要听利益相关人的意见,还要听专家的意见。根据本条规定,听取意见可以采取论证会、听证会等形式。

**关联法规**

《立法法》第36、74条
《国务院全面推进依法行政实施纲要》第12、16条
《行政法规制定程序条例》第10~16条
《规章制定程序条例》第14~18条

> **第二十条 【行政许可评价制度】**行政许可的设定机关应当定期对其设定的行政许可进行评价;对已设定的行政许可,认为通过本法第十三条所列方式能够解决的,应当对设定该行政许可的规定及时予以修改或者废止。
>
> 行政许可的实施机关可以对已设定的行政许可的实施情况及存在的必要性适时进行评价,并将意见报告该行政许可的设定机关。
>
> 公民、法人或者其他组织可以向行政许可的设定机关和实施机关就行政许可的设定和实施提出意见和建议。

**条文注释**

随着社会的不断发展变化,国家根据特定时期行政管理的实际情况而设定的行政许可可能不再适应社会的现实情况,这就需要对行政许可进行必要的调整和修正。调整、修正行政许可又需要对已经设定的行政许可及其实施的情况进行客观而全面的评价,论证其存在的科学性和合理性,以便对于不能适应社会经济发展的行政许可及时加以修正、废止。本条规定正是在总结了我国行政许可设定和实施的经验的基础上,规定建立我国的行政许可的评价制度。这主要包括设定评价,即通过设定机关定期对其设定的行政许可进行评价的制度。经过评价,认为通过本法第13条规定能够解决的,就应当及时修改或者废止;同时还规定了实施评价,即通过行政许可的实施机关对行政许可的实施情况、许可设定的必要性、科学性、有效性等进行评估的制度。除此之外,本条还赋予了行政管理相对方就行政许可的设定、实施提出相应意见和建议的权利。

**关联法规**

《宪法》第 41 条

> **第二十一条 【有关地区经济事务行政许可的取消】** 省、自治区、直辖市人民政府对行政法规设定的有关经济事务的行政许可,根据本行政区域经济和社会发展情况,认为通过本法第十三条所列方式能够解决的,报国务院批准后,可以在本行政区域内停止实施该行政许可。

**条文注释**

本条是关于省级人民政府停止实施行政法规设定的有关经济事务的行政许可的规定。

根据本法规定,省级人民政府对行政法规设定的有关经济事务的行政许可,报国务院批准后,可以停止实施。需要注意的是:

1. 必须是行政法规设定的行政许可。对于行政法规设定的行政许可,地方政府无权清理,要报国务院批准后,可以在本行政区域内停止实施有关行政许可。

2. 必须是省、自治区、直辖市人民政府才能提出。省级人民政府的层级比较高,是国务院的直接下级机关,向国务院提出停止实施行政法规设定的行政许可,符合程序。

3. 必须是对有关经济事务的行政许可事项。省级人民政府提出停止实施的行政许可必须是有关经济事务的,对于涉及社会事务的行政许可,不能申请停止实施。

4. 停止实施的标准是通过本法第 13 条规定的方式能够解决。即:(1)公民、法人或者其他组织能够自主决定的;(2)市场竞争机制能够有效调节的;(3)行业组织或者中介机构能够自律管理的;(4)行政机关采用事后监督等其他行政管理方式能够解决的。

# 第三章 行政许可的实施机关

**第二十二条 【行政许可实施主体的一般规定】**行政许可由具有行政许可权的行政机关在其法定职权范围内实施。

**条文注释**

本条是关于行政许可实施机关的规定。在我国,行政机关包括中央和地方各级人民政府以及它们的组成部门、直属机构、派出机构等。行政许可是行政机关根据公民、法人或者其他组织的申请,经依法审查,准予其从事特定活动的行为。行政许可权是一项行政权力,是公权力,原则上只能由行政机关行使。因此,《行政许可法》将行政许可由行政机关实施作为一项原则加以规定,授权具有管理公共事务职能的组织实施行政许可是例外。根据本条规定,行政机关实施行政许可,必须符合以下条件:(1)必须是履行外部行政管理职能的行政机关;(2)必须依法取得实施行政许可权的明确授权;(3)必须在法定职权范围内实施。

**关联法规**

《水行政许可实施办法》第 12 条

**第二十三条 【法律法规授权的组织实施行政许可】**法律、法规授权的具有管理公共事务职能的组织,在法定授权范围内,以自己的名义实施行政许可。被授权的组织适用本法有关行政机关的规定。

**条文注释**

本条是关于授权具有管理公共事务职能的组织实施行政许可的规定。授权许可是指法律、法规将行政许可权授予行政机关以外的组织行使。经过授权,该组织就取得了实施行政许可的主体资格,能够以自己的名义行使行政许可权,以自己的名义独立地承担法律责任。

依据本条规定,授权实施行政许可必须满足以下几个条件:(1)必须授权给具有管理公共事务职能的组织;(2)必须通过法律、法规的形式授权;(3)被授权的组织以自己的名义实施行政许可;(4)被授权的组织在法定授权范围内实施行政许可;(5)经授权的组织的地位相当于行政机关,适用有关行政机关的规定,其在实施行政许可时也要适用《行政许可法》的规定,受《行政许可法》的约束。

**关联法规**

《证券法》第7、9、168~170条

《商业银行法》第3、10、11、16、19、24、25条

《中国人民银行行政许可实施办法》第5条

**第二十四条 【委托实施行政许可的主体】**行政机关在其法定职权范围内,依照法律、法规、规章的规定,可以委托其他行政机关实施行政许可。委托机关应当将受委托行政机关和受委托实施行政许可的内容予以公告。

委托行政机关对受委托行政机关实施行政许可的行为应当负责监督,并对该行为的后果承担法律责任。

受委托行政机关在委托范围内,以委托行政机关名义实施行政许可;不得再委托其他组织或者个人实施行政许可。

**条文注释**

本条是关于委托实施行政许可的规定。委托许可是指行政许可机关依照法律、法规、规章的规定,将其行使的行政许可权委托给其他行政机关行使。受委托的行政机关在委托范围内,以该行政许可机关的名义行使行政许可权。

行政许可权是公权力,按照职权法定的原则,该由谁行使,就由谁行使,不能随意转让和处置。确实需要委托的,要严格遵守法律的规定。本法明确规定了委托实施行政许可的规则:(1)必须是在法定权限范围内;(2)必须有法律、法规或者规章为依据;(3)必须委托

给行政机关;(4)委托机关应当公告受委托机关和委托权限;(5)受委托的机关应当以委托机关的名义实施行政许可;(6)受委托机关不得再委托,即受委托机关不得将委托机关委托其实施的行政许可又委托给其他组织或个人行使;(7)委托机关对委托实施的行政许可负责监督。

**关联法规**

《烟草专卖法》第 16 条

《水行政许可实施办法》第 13 条

**第二十五条　【相对集中行政许可权】经国务院批准,省、自治区、直辖市人民政府根据精简、统一、效能的原则,可以决定一个行政机关行使有关行政机关的行政许可权。**

**条文注释**

本条是关于相对集中行政许可权的规定。为了提高行政效率,降低投资成本,促进经济发展,最根本的办法是对政府机构和行政许可制度进行彻底改革,放松行政管制,减少行政许可,精简政府机构,科学、合理地划分行政管理职权。因此,本条规定,经国务院批准,省、自治区、直辖市人民政府根据精简、统一、效能的原则,可以决定一个行政机关行使有关行政机关的行政许可权。(1)相对集中行使行政许可权不违反职权法定的原则,科学、合理设置和划分政府部门,对政府部门的职能进行调整,是各级政府的职权。只要按照法定的权限和程序进行,就不违法。省、自治区、直辖市人民政府既可以决定设置或者撤销哪些政府部门,也可以调整现有的政府部门的职能。决定一个行政机关行使有关行政机关的行政许可权,属于调整其政府部门的职能,是其权限范围内的事,经国务院批准,履行了相应的法律程序,符合地方组织法的规定,不违背职权法定原则。(2)相对集中行使行政许可权应当根据精简、统一、效能的原则。(3)相对集中行使行政许可权应当符合法定的程序。

**关联法规**

《地方各级人民代表大会和地方各级人民政府组织法》第 79 条

《国务院全面推进依法行政实施纲要》第19条

**第二十六条　【统一、联合实施】**行政许可需要行政机关内设的多个机构办理的,该行政机关应当确定一个机构统一受理行政许可申请,统一送达行政许可决定。

行政许可依法由地方人民政府两个以上部门分别实施的,本级人民政府可以确定一个部门受理行政许可申请并转告有关部门分别提出意见后统一办理,或者组织有关部门联合办理、集中办理。

**关联法规**

《卫生行政许可管理办法》第6条
《司法行政机关行政许可实施与监督工作规则(试行)》第4条
《民政部门实施行政许可办法》第8条
《水行政许可实施办法》第14条

**第二十七条　【行政机关及其工作人员的纪律约束】**行政机关实施行政许可,不得向申请人提出购买指定商品、接受有偿服务等不正当要求。

行政机关工作人员办理行政许可,不得索取或者收受申请人的财物,不得谋取其他利益。

**条文注释**

本条是关于行政机关实施行政许可不得谋取不正当利益的规定。行政机关实施行政许可是行使公权力,不能掺杂部门利益或者个人利益,执法不能与部门或者个人利益挂钩。本条规定了两项要求:(1)行政机关实施行政许可不得向许可申请人提出不正当要求。实践中,有些许可实施机关利用手中的行政许可权向许可申请人提出一些不正当的要求,以满足本机关及本地方的不正当的利益要求,必须加以杜绝和禁止。本条列举了两种实践中比较常见的不正当要求,其他形式的不正当要求也在禁止之列。(2)行政机关工作人员不得索取或者收受申请人的财物,不得谋取其他利益。本法第73条对此作了相应的处罚规定:行政机关工作人员办理行政许可、实施监督检查,索取或者收受他人财物或者谋取其他利益,构成犯罪的,依法追究刑事责任;尚不构成犯罪的,依法给予行政处分。

**关联法规**

《公务员法》第59条
《公安机关行政许可工作规定》第39条
《司法行政机关行政许可实施与监督工作规则(试行)》第25条

**第二十八条 【授权专业组织实施的指导性规定】**对直接关系公共安全、人身健康、生命财产安全的设备、设施、产品、物品的检验、检测、检疫,除法律、行政法规规定由行政机关实施的外,应当逐步由符合法定条件的专业技术组织实施。专业技术组织及其有关人员对所实施的检验、检测、检疫结论承担法律责任。

**条文注释**

本条是关于专业技术组织实施检验、检测和检疫的规定。

理解本条规定,需要注意:

1.有权对特殊的设备、设施、产品、物品实施检验、检测和检疫的专业技术组织必须符合法定的条件:(1)必须是依法成立的专业性技术组织;(2)具有熟悉某方面专业知识、技术标准、技术规范并具有一定业务能力的工作人员;(3)应当具备对特殊的设备、设施、产品以及物品实施检验、检测、检疫所需的专业性设备。

2.专业技术组织对其实施的检验、检测和检疫结论承担法律责任。专业技术性组织在实施检验、检测、检疫的过程中存在故意或者重大过失,导致作出的结论与事实严重不符,而行政机关根据该专业技术组织的结论实施了行政许可并造成了严重的危害结果。在此情况下,专业技术性组织应当承担相应的法律责任。

3. 如果法律、行政法规规定应当由行政机关实施的,则不能交由专业技术组织来实施。

# 第四章　行政许可的实施程序

## 第一节　申请与受理

**第二十九条　【申请要件】**公民、法人或者其他组织从事特定活动,依法需要取得行政许可的,应当向行政机关提出申请。申请书需要采用格式文本的,行政机关应当向申请人提供行政许可申请书格式文本。申请书格式文本中不得包含与申请行政许可事项没有直接关系的内容。

申请人可以委托代理人提出行政许可申请。但是,依法应当由申请人到行政机关办公场所提出行政许可申请的除外。

行政许可申请可以通过信函、电报、电传、传真、电子数据交换和电子邮件等方式提出。

**条文注释**

本条是关于行政许可申请形式要件的规定。

申请人提出申请,是行政许可的前提条件,是申请人从事某种特定行为之前必须履行的法定义务。

根据本法规定,如果申请书需要采用格式文本的,行政机关负有提供的义务,行政机关不能要求申请人自行设计格式文本。申请书格式文本不得包含与申请行政许可事项没有直接关系的内容,行政机关向申请人提供格式文本不得收取费用。

申请人委托代理人提出申请,应当出具授权委托书,载明委托事项和代理人的权限。代理人受申请人的委托提出申请,应当向行政机关出示能证明其身份的证件。

申请人除以传统方式向行政机关递交申请书以外,还可以利用现代的通信手段提出申请。申请人可以向具备接收条件的行政机关,通过电报、电传、传真、电子邮件等方式提交申请。通过这些方式提出申请,主要适用于只需要申请人提交有关书面材料,不用提交实物、样品的行政许可。

**关联法规**

《卫生行政许可管理办法》第 9 条
《交通行政许可实施程序规定》第 7~9 条
《中国人民银行行政许可实施办法》第 8 条
《民政部门实施行政许可办法》第 7、9 条
《公安机关行政许可工作规定》第 5 条
《水行政许可实施办法》第 17~20 条

> **第三十条 【许可公示】**行政机关应当将法律、法规、规章规定的有关行政许可的事项、依据、条件、数量、程序、期限以及需要提交的全部材料的目录和申请书示范文本等在办公场所公示。
>
> 申请人要求行政机关对公示内容予以说明、解释的,行政机关应当说明、解释,提供准确、可靠的信息。

**条文注释**

本条是关于行政许可的申请和受理程序中行政机关公开义务的规定。行政公开,是指将行政权力运行的依据、过程和结果向相对人和公众公开,使相对人和公众知悉。行政公开的目的在于增加行政的透明度,加强公众对行政的监督,防止行政腐败,保护公民的合法权益。

根据本条规定,行政机关在行政许可的申请和受理程序中应履行如下公开义务:(1)行政机关公示的义务。要求行政许可的受理机关在其办公场所,将其受理的有关行政许可事项、依据、条件、数量、程序、期限以及需要申请人提交的全部材料的目录和申请书示范文本予以公示,以保障申请人的知情权,同时也有利于提高办事

效率。(2)行政机关的说明、解释义务。申请人如果对行政机关公示的有关内容有疑问的,可以要求行政机关予以说明和解释,行政机关应当对申请人的要求予以配合,提供其所需要的信息及解释,同时行政机关应当提供准确、可靠的信息。

**关联法规**

《卫生行政许可管理办法》第 10 条

《民政部门实施行政许可办法》第 7 条

《水行政许可实施办法》第 21 条

《司法行政机关行政许可实施与监督工作规则(试行)》第 5 条

**第三十一条 【申请材料真实】**申请人申请行政许可,应当如实向行政机关提交有关材料和反映真实情况,并对其申请材料实质内容的真实性负责。行政机关不得要求申请人提交与其申请的行政许可事项无关的技术资料和其他材料。

行政机关及其工作人员不得以转让技术作为取得行政许可的条件;不得在实施行政许可的过程中,直接或者间接地要求转让技术。

**条文注释**

本条是关于申请人应对其申请材料的真实性负责的规定。

本条第 1 款的含义是:(1)申请人应当如实向行政机关提交申请材料,如果申请人提交的申请材料不真实,申请人应当承担法律责任。根据本法第 69 条第 2 款的规定,被许可人以欺骗、贿赂等不正当手段取得行政许可的,应当予以撤销。(2)行政机关不得要求申请人提交与其申请的行政许可事项无关的技术资料和其他材料。根据行政公开的原则,行政许可的实施和结果应当公开,行政公开势必会涉及申请材料的公开,这就要求行政机关在履行公开义务的过程中,还负有保护国家秘密、商业秘密和个人隐私的义务。行政机关在申请的环节,即应注意不得要求申请人提交与其申请的行政许可事项无关的技术资料和其他材料,以保护申请人的商业秘密或个人隐私。

为进一步加强行政许可设定和实施过程中对知识产权的保护，2019年4月，第十三届全国人民代表大会常务委员会第十次会议修改《行政许可法》，增加了本条第2款内容。

**关联法规**

《海关行政许可管理办法》第15条

《卫生行政许可管理办法》第11条

《中国人民银行行政许可实施办法》第12条

《民政部门实施行政许可办法》第13条

**第三十二条 【对行政许可申请的处理】**行政机关对申请人提出的行政许可申请,应当根据下列情况分别作出处理：

(一)申请事项依法不需要取得行政许可的,应当即时告知申请人不受理；

(二)申请事项依法不属于本行政机关职权范围的,应当即时作出不予受理的决定,并告知申请人向有关行政机关申请；

(三)申请材料存在可以当场更正的错误的,应当允许申请人当场更正；

(四)申请材料不齐全或者不符合法定形式的,应当当场或者在五日内一次告知申请人需要补正的全部内容,逾期不告知的,自收到申请材料之日起即为受理；

(五)申请事项属于本行政机关职权范围,申请材料齐全、符合法定形式,或者申请人按照本行政机关的要求提交全部补正申请材料的,应当受理行政许可申请。

行政机关受理或者不予受理行政许可申请,应当出具加盖本行政机关专用印章和注明日期的书面凭证。

**关联法规**

《卫生行政许可管理办法》第12~14条

《交通行政许可实施程序规定》第10条

《公安机关行政许可工作规定》第 11 条

《水行政许可实施办法》第 23~24 条

《中国证券监督管理委员会行政许可实施程序规定》第 8~17 条

《司法行政机关行政许可实施与监督工作规则(试行)》第 8 条

**第三十三条 【推行电子政务】**行政机关应当建立和完善有关制度,推行电子政务,在行政机关的网站上公布行政许可事项,方便申请人采取数据电文等方式提出行政许可申请;应当与其他行政机关共享有关行政许可信息,提高办事效率。

关联法规

《国务院全面推进依法行政实施纲要》第 9、10 条

《政务信息工作暂行办法》

## 第二节 审查与决定

**第三十四条 【审查行政许可材料】**行政机关应当对申请人提交的申请材料进行审查。

申请人提交的申请材料齐全、符合法定形式,行政机关能够当场作出决定的,应当当场作出书面的行政许可决定。

根据法定条件和程序,需要对申请材料的实质内容进行核实的,行政机关应当指派两名以上工作人员进行核查。

条文注释

本条是关于行政机关对行政许可申请材料进行审查和调查程序的规定。

行政机关受理申请以后,行政许可程序进入审查阶段。根据法律、法规的规定,行政机关对申请材料的审查,包括形式审查和实质审查。(1)形式审查,是指行政机关仅对申请材料的形式要件是否

具备进行的审查,即审查其申请材料是否齐全,是否符合法定形式。对于申请材料的真实性、合法性不作审查。由于形式审查不对申请材料的内容进行审查,因此,本法规定,对于能够当场作出决定的,行政机关应当当场作出决定,以方便申请人,提高行政效率。(2)实质审查,是指行政机关不仅要对申请材料的形式要件是否具备进行审查,还要对申请材料的实质内容是否符合条件进行审查。对于申请的实质审查,有的可以采取书面审查的方式,即通过申请材料的陈述了解有关情况,进行审查;有的实质审查还需要进行实地核查,才能确认真实情况。对于需要采取实地核查的,行政机关应当指派两名以上工作人员进行核查。行政机关工作人员在进行实地核查时,应当向当事人或其他有关人员出示执法身份证件,以表明自己正代表国家执行公务,否则当事人可以拒绝接受核查。

**关联法规**

《交通行政许可实施程序规定》第13条

《中国人民银行行政许可实施办法》第19条

《公安机关行政许可工作规定》第10条

《卫生行政许可管理办法》第15～18条

《水行政许可实施办法》第27条

《中国证券监督管理委员会行政许可实施程序规定》第18～20条

《司法行政机关行政许可实施与监督工作规则(试行)》第10、12条

**第三十五条 【多层级行政机关实施行政许可的审查程序】依法应当先经下级行政机关审查后报上级行政机关决定的行政许可,下级行政机关应当在法定期限内将初步审查意见和全部申请材料直接报送上级行政机关。上级行政机关不得要求申请人重复提供申请材料。**

**条文注释**

本条是关于行政许可需要先经下级行政机关审查后报上级行政机关决定的程序的规定。对于一些行政许可事项,法律、法规规定了先经下级行政机关审查后报上级行政机关决定的程序。对于一

些重要的行政许可事项,需要由级别较高的行政机关作出最终决定;还有一些许可事项,由于需要数量限制,需要较高级别甚至国家级的行政机关统筹考虑、合理布局。对这些行政许可的审查,需要了解相关的实际情况,有的还需要进行实地核查,由级别较低的行政机关先进行初步审查,有利于了解情况,作出判断,因此法律、法规规定先经下级行政机关审查。

对于法律、法规规定应先经下级行政机关审查的行政许可,下级行政机关应当在法定期限内将初步审查意见和全部申请材料直接报送上级行政机关。下级行政机关的审查意见,只是初步的,供上级行政机关参考的,不是终局的行政决定。上级行政机关作出的决定,才是正式的决定。申请人如果对行政许可决定不服,提出复议和诉讼,只能就上级行政机关作出的决定提出。下级行政机关应当将收到的全部申请材料直接报送上级行政机关,不能要求申请人再提交申请材料或由申请人向上级行政机关提交。作出许可决定的上级行政机关不得要求申请人重复提交已向下级行政机关提交过的申请材料,但上级行政机关如果认为申请人提交的材料还不足以证明其已经符合行政许可的条件,需要申请人进一步补充的材料,可以要求补充。

**关联法规**

《中国人民银行行政许可实施办法》第20条
《司法行政机关行政许可实施与监督工作规则(试行)》第11条
《卫生行政许可管理办法》第22条
《公安机关行政许可工作规定》第22条

---

**第三十六条 【关系他人重要利益的行政许可审查程序】**
行政机关对行政许可申请进行审查时,发现行政许可事项直接关系他人重大利益的,应当告知该利害关系人。申请人、利害关系人有权进行陈述和申辩。行政机关应当听取申请人、利害关系人的意见。

**条文注释**

　　行政许可的设定和实施,应当遵循公正原则。行政许可事项直接关系第三人重大利益的,利害关系人享有知情权,申请人、利害关系人享有陈述权和申辩权,正是公正原则的体现。同时,行政许可程序往往涉及申请人以外的利害关系人,因为当行政许可机关将排他性的行政许可赋予某一申请人时,其他申请人就可能丧失机会,而当几个人共同申请一项许可时,无论授予其中哪一个申请人,其他人都会因此受到损害。因此,为防止因行政机关和申请人之间的暗箱操作而损害利害关系人的合法权利,本法对行政许可机关在对行政许可申请进行审查时,发现行政许可事项涉及利害关系人的重大利益时课以其主动告知行政许可程序利害关系人的义务。行政许可机关应尽量以举办简易听证会或其他适当的方式给予申请人及申请人以外的利害关系人陈述自己意见的机会,从而提高行政许可程序的透明度和公正性。

**关联法规**

　　《交通行政许可实施程序规定》第14条
　　《中国人民银行行政许可实施办法》第21条
　　《公安机关行政许可工作规定》第17条

**第三十七条 【许可决定的期限】**行政机关对行政许可申请进行审查后,除当场作出行政许可决定的外,应当在法定期限内按照规定程序作出行政许可决定。

**条文注释**

　　本条是关于行政许可决定期限的规定。
　　制定《行政许可法》的宗旨之一就是要简化行政许可的程序、减少环节,方便群众,强化服务。行政许可机关在对行政许可申请人的申请进行审查后,如果发现申请事项简单、证据确实充分、事实清楚且没有争议的,可以当场作出准予或者不准予行政许可的决定。当场作出决定必须要有法定的依据,而且应当遵循法定程序。不能当场作出许可决定的,应当按照本法第42条以及相应的法律、法规规定的期限和法定程序作出决定。

**第三十八条 【许可决定的作出】**申请人的申请符合法定条件、标准的,行政机关应当依法作出准予行政许可的书面决定。

行政机关依法作出不予行政许可的书面决定的,应当说明理由,并告知申请人享有依法申请行政复议或者提起行政诉讼的权利。

**关联法规**

《电信条例》第 11、14、54 条
《卫生行政许可管理办法》第 23、24 条
《中国人民银行行政许可实施办法》第 25 条
《交通行政许可实施程序规定》第 15 条
《海关行政许可管理办法》第 20 条
《中国证券监督管理委员会行政许可实施程序规定》第 21~26 条

**第三十九条 【行政许可证件形式】**行政机关作出准予行政许可的决定,需要颁发行政许可证件的,应当向申请人颁发加盖本行政机关印章的下列行政许可证件:

(一)许可证、执照或者其他许可证书;
(二)资格证、资质证或者其他合格证书;
(三)行政机关的批准文件或者证明文件;
(四)法律、法规规定的其他行政许可证件。

行政机关实施检验、检测、检疫的,可以在检验、检测、检疫合格的设备、设施、产品、物品上加贴标签或者加盖检验、检测、检疫印章。

**条文注释**

本条是关于行政机关颁发的许可证件形式的规定。

行政许可证件的形式,有书面形式与非书面形式。在书面文件

形式中，又可以分为证照式形式与非证照式形式。本条第1款第1项和第2项规定的是证照式许可的表现形式，第3项和第4项规定的是非证照式许可的表现形式。证照式形式是行政许可的主要表现形式，如许可证、执照等；非证照式的行政许可文书，包括批准书、同意书等。

有些设备、产品在流向市场之前需要经过有关行政机关的检验、检疫和检测，这些工作在实践中为了方便起见，无须单独制作行政许可的批准文件或者证书，大多加盖检验、检疫、检测合格的印章或者加贴标签。本条第2款将这一行之有效的做法以法定的形式确立下来。

**第四十条 【行政许可公开】行政机关作出的准予行政许可决定，应当予以公开，公众有权查阅。**

条文注释

本条是关于行政机关应当将行政许可决定予以公开的规定。将行政许可的结果公开是行政公开的重要内容，对于保障被许可人、利害关系人和公众的知情权，加强对行政机关的监督具有重要意义。一般情况下，行政许可决定应当予以公开，供公众查阅，但遇有下列情形，不得公开：(1)国家秘密；(2)商业秘密；(3)个人隐私。

关联法规

《司法行政机关行政许可实施与监督工作规则(试行)》第14条
《公安机关行政许可工作规定》第36条
《交通行政许可实施程序规定》第19条

**第四十一条 【许可的效力范围】法律、行政法规设定的行政许可，其适用范围没有地域限制的，申请人取得的行政许可在全国范围内有效。**

关联法规

《水行政许可实施办法》第37条

## 第三节 期　　限

**第四十二条　【作出许可决定的期限】**除可以当场作出行政许可决定的外,行政机关应当自受理行政许可申请之日起二十日内作出行政许可决定。二十日内不能作出决定的,经本行政机关负责人批准,可以延长十日,并应当将延长期限的理由告知申请人。但是,法律、法规另有规定的,依照其规定。

依照本法第二十六条的规定,行政许可采取统一办理或者联合办理、集中办理的,办理的时间不得超过四十五日;四十五日内不能办结的,经本级人民政府负责人批准,可以延长十五日,并应当将延长期限的理由告知申请人。

**条文注释**

本条是关于行政机关在受理行政许可申请后作出行政许可决定的期限的规定。如果行政机关在法定期限内未能作出行政许可决定,就要承担行政程序违法的法律后果。

首先,根据本条第1款的规定,除可以当场决定的外,行政机关应当自受理行政许可申请之日起20日内作出是否准予行政许可的决定。法律、法规对作出是否准予行政许可的决定另有规定的,依照其规定。对于行政许可的决定机关20日内不能作出决定而需要延长期限的,必须经本行政机关负责人批准,方可以延长10日,并必须将延长期限的理由告知申请人。

其次,本条第2款对于行政许可决定机关采取统一办理或者联合办理、集中办理行政许可申请的,规定了办理的时间不得超过45日的法定期限。对于45日内不能办结的,只能在经本级人民政府负责人批准时,方可以延长15日,并应当将延长期限的理由告知申请人。

**关联法规**

《证券法》第 22 条
《民办教育促进法》第 14、17 条
《公路建设市场管理办法》第 27 条
《特种设备安全监察条例》第 53 条
《卫生行政许可管理办法》第 16 条
《中国人民银行行政许可实施办法》第 31 条
《中国证券监督管理委员会行政许可实施程序规定》第 42～49 条
《司法行政机关行政许可实施与监督工作规则(试行)》第 16 条

**第四十三条 【下级行政机关初审期限】**依法应当先经下级行政机关审查后报上级行政机关决定的行政许可,下级行政机关应当自其受理行政许可申请之日起二十日内审查完毕。但是,法律、法规另有规定的,依照其规定。

**关联法规**

《中国人民银行行政许可实施办法》第 32 条

**第四十四条 【行政许可证件的颁发、送达期限】**行政机关作出准予行政许可的决定,应当自作出决定之日起十日内向申请人颁发、送达行政许可证件,或者加贴标签、加盖检验、检测、检疫印章。

**条文注释**

本条是关于行政机关颁发、送达行政许可证件的期限的规定。

送达是行政许可机关按照法定的程序和方式,将依法制作的行政许可证件送交被许可人的行为。在行政许可中,送达的主体是行政许可机关,送达的内容是行政机关制作的行政许可证件或者加贴的标签、加盖的检验、检测、检疫印章,送达的对象是申请人。送达是一种法律行为,即能够产生一定的法律后果,因此,送达必须按照法定程序和方式进行,否则不能产生法律效力,达不到预期的后果。送达日期是确定法律文书是否生效的重要依据,是确定法定后果的必要条件。本法规定,行政机关作出准予行政许可的决定,应当自作出决定之日起10日内向申请人送达。根据相关法律规定,送达一般有六种方式:一是直接送达;二是留置送达;三是委托送达;四是邮寄送达;五是转交送达;六是公告送达。为了在发生争议时有据可查,所以要求送达行政许可证件必须有送达回证,由受送达人在送达回证上记明收到日期,签名或者盖章。受送达人在送达回证上记明收到日期。

**关联法规**

《中国人民银行行政许可实施办法》第35条

《中国证券监督管理委员会行政许可实施程序规定》第49~50条

《司法行政机关行政许可实施与监督工作规则(试行)》第13条

**第四十五条 【需排除时限】**行政机关作出行政许可决定,依法需要听证、招标、拍卖、检验、检测、检疫、鉴定和专家评审的,所需时间不计算在本节规定的期限内。行政机关应当将所需时间书面告知申请人。

**条文注释**

本条是关于排除时限的规定。

根据本法规定,依法需要听证、招标、拍卖、检验、检测、检疫、鉴定和专家评审的,所需时间应从作出行政许可决定的期限内扣除。作出这一规定,主要是考虑到上述方式所需时间较长,无法将其计算在期限内。但法律同时要求行政机关应当将上述方式所需的时间书面告知申请人,使申请人对作出许可决定的期限可以预期。

**关联法规**

《卫生行政许可管理办法》第18条

《交通行政许可实施程序规定》第15条

## 第四节 听 证

**第四十六条 【行政机关主动举行听证的行政许可事项】** 法律、法规、规章规定实施行政许可应当听证的事项,或者行政机关认为需要听证的其他涉及公共利益的重大行政许可事项,行政机关应当向社会公告,并举行听证。

### 条文注释

行政听证是行政机关作出影响相对人权益的行政行为前,给予当事人就重要事实和适用法律表达意见、提供证据的机会,通过公开、公正、民主的方式保障行政相对人平等有效地参与行政决定,从而达到行政目的的制度。

根据本条的规定,行政机关作出行政许可决定,在下列情况下,应当依职权主动举行听证:(1)法律、法规、规章规定实施行政许可应当听证的事项;(2)行政机关认为需要听证的其他涉及公共利益的重大行政许可事项。同时,本条还要求行政许可机关将上述两种事项及时向社会公告,以使行政许可申请人和利害关系人知悉,并按时提出行政许可申请,举行行政许可听证。

### 关联法规

《建设行政许可听证工作规定》第3条

《交通行政许可实施程序规定》第20条

《卫生行政许可管理办法》第29~31条

《中国人民银行行政许可实施办法》第38条

《财政机关实施行政许可听证办法》第6、7条

《司法行政机关行政许可实施与监督工作规则(试行)》第18条

《水行政许可听证规定》第4条

《海关行政许可管理办法》第28条

**第四十七条 【听证权的告知和听证费用】**行政许可直接涉及申请人与他人之间重大利益关系的,行政机关在作出行政许可决定前,应当告知申请人、利害关系人享有要求听证的权利;申请人、利害关系人在被告知听证权利之日起五日内提出听证申请的,行政机关应当在二十日内组织听证。

申请人、利害关系人不承担行政机关组织听证的费用。

**条文注释**

本条是关于听证权的告知和听证费用的规定。行政许可直接涉及申请人与他人之间重大利益关系的,申请人和利害关系人有要求听证的权利。这里的"他人",是指行政机关和申请人以外的同行政许可的实施有直接利益关系的个人或组织。至于何为"重大利益",本法没有作出具体规定。对于申请人和第三人来说,许多事关自身的利益都被认为是其重大利益,本法将认定权授予行政机关,行政机关对此有一定的自由裁量权。行政机关的义务:(1)告知的义务。如果行政机关认定行政许可直接涉及申请人与他人之间重大利益关系,行政机关在作出行政许可决定前,必须告知申请人、利害关系人有要求听证的权利。申请人、利害关系人有权要求举行听证,同时也有权放弃听证。行政机关告知申请人、利害关系人有听证的权利,一般来说,应当以书面的形式告知。申请人和利害关系人在被告知听证权利之日起5日内提出听证申请的,应向行政机关提交书面申请。除非遇有不可抗力或者有正当的理由,申请人、利害关系人在被告知5日内未提出书面申请的,视为放弃听证。(2)在法定期限内举行听证。行政机关在收到申请人、利害关系人要求举行听证的申请书之日起20日内,应当举行听证。(3)承担听证费用。组织听证的费用指行政机关举行听证所支付的费用,如必要的办公经费等,不包括当事人聘请律师、取得证据等个人所应支付的费用。组织听证的费用,由行政机关承担,申请人、利害关系人不承担听证的费用。

**关联法规**

《建设行政许可听证工作规定》第 4 条
《交通行政许可实施程序规定》第 21 条
《卫生行政许可管理办法》第 30、31 条
《中国人民银行行政许可实施办法》第 39 条
《司法行政机关行政许可实施与监督工作规则(试行)》第 19 条
《水行政许可听证规定》第 5、23 条

> **第四十八条 【听证程序】**听证按照下列程序进行：
> (一)行政机关应当于举行听证的七日前将举行听证的时间、地点通知申请人、利害关系人，必要时予以公告；
> (二)听证应当公开举行；
> (三)行政机关应当指定审查该行政许可申请的工作人员以外的人员为听证主持人，申请人、利害关系人认为主持人与该行政许可事项有直接利害关系的，有权申请回避；
> (四)举行听证时，审查该行政许可申请的工作人员应当提供审查意见的证据、理由，申请人、利害关系人可以提出证据，并进行申辩和质证；
> (五)听证应当制作笔录，听证笔录应当交听证参加人确认无误后签字或者盖章。
> 行政机关应当根据听证笔录，作出行政许可决定。

**条文注释**

本条是关于行政许可听证程序的具体规定。第 1 款第 1 项是关于行政许可听证的通知的规定。有权获得行政许可机关听证通知的人是行政许可的申请人和利害关系人，听证通知的时间为举行听证的 7 日前。第 2 项规定了听证公开的原则。听证公开要求行政许可听证的过程、听证的结果公开，充分保障行政许可申请人和利害关系人的知情权。第 3 项是关于行政许可程序听证主持人的规定，其要求:(1)许可听证主持人为非行政许可申请的审查人员；(2)听

证主持人与行政许可的事项无利害关系。同时,申请人、利害关系人认为主持人与该行政许可事项有直接利害关系的,有权申请回避。第 4 项规定的是行政许可听证参加人享有的权利和义务。最后,第 1 款第 5 项和第 2 款对听证笔录作了规定,体现了案件的排他性的原则,即听证笔录是行政裁决者与听证当事人之间联系的根本方式,最终的裁决结果应当以听证笔录为依据,听证笔录与行政许可决定之间应该存在唯一的因果关系。

**关联法规**

《卫生行政许可管理办法》第 32～41 条

《中国人民银行行政许可实施办法》第 40 条

《司法行政机关行政许可实施与监督工作规则(试行)》第 20～22 条

《财政机关实施行政许可听证办法》第 10～25 条

《环境保护行政许可听证暂行办法》第 17～34 条

《农业行政许可听证程序规定》

《水行政许可听证规定》第 6～22 条

《交通行政许可实施程序规定》第 22 条

《建设行政许可听证工作规定》第 5～21 条

## 第五节 变更与延续

**第四十九条 【变更程序】**被许可人要求变更行政许可事项的,应当向作出行政许可决定的行政机关提出申请;符合法定条件、标准的,行政机关应当依法办理变更手续。

**条文注释**

本条是关于行政许可变更程序的规定。

行政许可的变更,是指根据被许可人的请求,行政机关对许可事项的具体内容在许可被批准后加以变更的行为。行政许可的被许可人,在从事行政许可的有关活动中,如果对行政许可中所列的事项需要变更或者其活动需要超出许可范围的,应当向作出准予行政许可决定的机关提出对原许可事项予以变更的申请。行政许可的变更实质上是对原行政许可的修改,一般须许可主体审查后重新核发许可证。变更的原因可能是活动内容、方式或性质发生改变,原许可证不能适用。变更的内容,可以是许可的条件、范围等。

对于合法或正当的要求,行政机关认为被许可人的申请符合法定条件和标准的,行政机关应当依法办理变更手续;需要重新更换许可证的,应当予以更换。及时的变更不仅有利于维护公民、法人和其他组织的权益,也有利于维护国家和社会的利益。对于违法或不适当的变更要求,行政许可机关有权予以拒绝。

**关联法规**

《民办教育促进法》第54、55条

《卫生行政许可管理办法》第42、43条

《海关行政许可管理办法》第25条

《司法行政机关行政许可实施与监督工作规则(试行)》第15条

**第五十条 【许可有效期的延续】**被许可人需要延续依法取得的行政许可的有效期的,应当在该行政许可有效期届满三十日前向作出行政许可决定的行政机关提出申请。但是,法律、法规、规章另有规定的,依照其规定。

行政机关应当根据被许可人的申请,在该行政许可有效期届满前作出是否准予延续的决定;逾期未作决定的,视为准予延续。

**条文注释**

本条是对行政许可有效期的延续作出的规定。

行政许可证件一般都是有期限的,被许可人只能在行政许可的有效期内从事许可活动,行政许可超过有效期的,从事行政许可的有关活动便没有法律依据,是违法的。根据本法规定,被许可人需要延伸行政许可有效期的,应当在该行政许可有效期届满30日前向作出准予行政许可决定的行政机关提出申请。

由于行政许可事项涉及的领域很广,对不同事项采取的审查方式不同,对某些事项的审查需要较长时间,因此,本法规定法律、法规和规章对提出行政许可延续申请的期限另有规定的,依照其规定。

**关联法规**

《矿产资源勘查区块登记管理办法》第10条

《船舶登记条例》第45条

《药品管理法实施条例》第8条

## 第六节　特　别　规　定

**第五十一条　【特别程序优先适用】**实施行政许可的程序,本节有规定的,适用本节规定;本节没有规定的,适用本章其他有关规定。

**第五十二条　【国务院实施行政许可的程序】**国务院实施行政许可的程序,适用有关法律、行政法规的规定。

**条文注释**

第52条是关于国务院实施行政许可程序的规定。

由于国务院实施行政许可的一些事项有其特殊性,如涉及国家安全、社会公共利益或者对外经济贸易政策等,国务院实施行政许可的程序,在有关公开原则和时效制度等方面也需要作一些特殊规定。因此,第52条规定,国务院实施行政许可的程序,适用有关法律、行政法规的规定。

**第五十三条　【特许许可方式】**实施本法第十二条第二项所列事项的行政许可的,行政机关应当通过招标、拍卖等公平竞争的方式作出决定。但是,法律、行政法规另有规定的,依照其规定。

行政机关通过招标、拍卖等方式作出行政许可决定的具体程序,依照有关法律、行政法规的规定。

行政机关按照招标、拍卖程序确定中标人、买受人后,应当作出准予行政许可的决定,并依法向中标人、买受人颁发行政许可证件。

行政机关违反本条规定,不采用招标、拍卖方式,或者违反招标、拍卖程序,损害申请人合法权益的,申请人可以依法申请行政复议或者提起行政诉讼。

关联法规

《拍卖管理办法》第 38 条

**第五十四条 【认可许可】**实施本法第十二条第三项所列事项的行政许可,赋予公民特定资格,依法应当举行国家考试的,行政机关根据考试成绩和其他法定条件作出行政许可决定;赋予法人或者其他组织特定的资格、资质的,行政机关根据申请人的专业人员构成、技术条件、经营业绩和管理水平等的考核结果作出行政许可决定。但是,法律、行政法规另有规定的,依照其规定。

公民特定资格的考试依法由行政机关或者行业组织实施,公开举行。行政机关或者行业组织应当事先公布资格考试的报名条件、报考办法、考试科目以及考试大纲。但是,不得组织强制性的资格考试的考前培训,不得指定教材或者其他助考材料。

条文注释

本条是关于行政机关实施认可行为适用程序的规定。本条为认可设定了特殊的客观评价机制——考试和考核。

考试是由特定的机关以组织考试的方式对申请人掌握的知识与能力进行综合考察和评价的机制。目前,对于公民的资格考试,有的是由行政机关组织的,有的则是由行业组织实施的。无论是由行政机关还是由行业组织实施考试,都应当遵循本法的规定。对于公民的资格考试,应当公开举行。行政机关或者行业组织应当事先公布资格考试的报名条件、报考办法,同时还应当公布考试的范围,包括考试科目和考试大纲。不得组织强制性的资格考试的考前培训,不得指定教材或者其他助考资料。

考核是指当行政许可的内容为赋予法人或者其他组织特定的资格、资质时,行政机关根据对申请人的专业人员构成、技术条件、经营业绩和管理水平等的考察结果做出最后许可决定的行为。根据本法关于行政机关应当将行政许可的事项、依据和条件等予以公开的规定,对于取得特定资格或资质的条件和标准,也应当予以公开,使企业和其他组织据此作申请的准备。

**关联法规**

《交通行政许可实施程序规定》第16条
《卫生行政许可管理办法》第20条
《医师资格考试暂行办法》

**第五十五条 【核准许可】**实施本法第十二条第四项所列事项的行政许可的,应当按照技术标准、技术规范依法进行检验、检测、检疫,行政机关根据检验、检测、检疫的结果作出行政许可决定。

行政机关实施检验、检测、检疫,应当自受理申请之日起五日内指派两名以上工作人员按照技术标准、技术规范进行检验、检测、检疫。不需要对检验、检测、检疫结果作进一步技术分析即可认定设备、设施、产品、物品是否符合技术标准、技术规范的,行政机关应当当场作出行政许可决定。

行政机关根据检验、检测、检疫结果,作出不予行政许可决定的,应当书面说明不予行政许可所依据的技术标准、技术规范。

**条文注释**

本条是关于行政机关实施核准行为适用程序的规定。

根据本条规定,对于直接关系公共安全、人身健康、生命财产安全的重要设备、设施、产品、物品,其生产、经营设定了行政许可的,行政许可机关应当按照技术标准和技术规范,根据检验、检测、检疫的结果作出行政许可决定。实施本条规定的行政许可,进行检验、检测、检疫的机构包括行政许可机关,也可以是符合法定条件的专业技术组织。

本条对实施核准的程序提出具体要求,即在实施检验、检测和检疫时,行政机关应当在受理申请之日起5日内指派两名以上的工作人员实施检验等活动。对于不需要对检验、检测和检疫的结果作进一步技术分析的,行政机关应当场作出准予行政许可的决定。

**关联法规**

《特种设备安全法》第20条

《进出口商品检验法》第5~7条

**第五十六条 【登记许可】**实施本法第十二条第五项所列事项的行政许可,申请人提交的申请材料齐全、符合法定形式的,行政机关应当当场予以登记。需要对申请材料的实质内容进行核实的,行政机关依照本法第三十四条第三款的规定办理。

**关联法规**

《食品经营许可和备案管理办法》第20条

《电力业务许可证管理规定》第22条

**第五十七条 【按序许可】**有数量限制的行政许可,两个或者两个以上申请人的申请均符合法定条件、标准的,行政机关应当根据受理行政许可申请的先后顺序作出准予行政许可的决定。但是,法律、行政法规另有规定的,依照其规定。

## 第五章　行政许可的费用

**第五十八条　【禁止违规收费及经费的财政保障】**行政机关实施行政许可和对行政许可事项进行监督检查,不得收取任何费用。但是,法律、行政法规另有规定的,依照其规定。

行政机关提供行政许可申请书格式文本,不得收费。

行政机关实施行政许可所需经费应当列入本行政机关的预算,由本级财政予以保障,按照批准的预算予以核拨。

**关联法规**

《进出口商品检验法》第37条
《计量法实施细则》第37条
《国务院法制办公室对〈关于清理行政许可收费若干问题的函〉的复函》
《司法行政机关行政许可实施与监督工作规则(试行)》第17条

**第五十九条　【依法收费并上缴】**行政机关实施行政许可,依照法律、行政法规收取费用的,应当按照公布的法定项目和标准收费;所收取的费用必须全部上缴国库,任何机关或者个人不得以任何形式截留、挪用、私分或者变相私分。财政部门不得以任何形式向行政机关返还或者变相返还实施行政许可所收取的费用。

**关联法规**

《违反行政事业性收费和罚没收入收支两条线管理规定行政处分暂行规定》

# 第六章 监督检查

**第六十条 【上级对下级的监查】**上级行政机关应当加强对下级行政机关实施行政许可的监督检查,及时纠正行政许可实施中的违法行为。

**条文注释**

本条是关于上级行政机关对下级行政机关实施行政许可进行监督检查的规定。

行政机关能否依法实施行政许可,与人民群众的利益密切相关,也直接影响到政府的形象,关系到能否建立一个廉洁、高效和法治的政府。对行政机关实施行政许可进行监督,主要有以下几种方式:一是权力机关实施监督。但是,权力机关对行政机关实施行政许可的行为不适宜进行经常性的、具体性的监督检查,否则就有干预行政权力的行使之嫌。二是人民法院的监督。人民法院对行政机关实施行政许可的监督,也只能限于对具体诉讼案件的监督,而不适宜进行经常性的具体性的监督。三是平行的行政机关相互之间的监督,平行的行政机关相互之间的监督,范围比较有限,约束力也不够强。四是群众和当事人的监督。

除了上述监督方式之外,还有一种重要的监督方式,即上级行政机关的监督。与其他几种监督方式相比,上级行政机关对下级行政机关实施行政许可的监督,是更重要、更日常、更具体和更实际有效的监督。上级行政机关监督检查的这一特点是由我国行政机关上下级之间的领导体制决定的。从监督检查的主体上说,上级行政机关对下级行政机关实施行政许可行为的监督检查,既包括各级人民政府对其所属各工作部门实施行政许可行为的监督检查,也包括上级人民政府对下级人民政府实施行政许可行为的监督检查,还包括上级人民政府的业务主管部门对下级人民政府相关部门实施行政许可行为的监督检查。上级行政机关对下级行政机关实施行政许可监督检查的方式可以灵活多样,既可以进行不定期的抽样检查、抽点检查、抽部门检查,也可以定期检查、定点检查或者定行业、定部门检查。既可以对下级行政机关实施行政许可的具体行为进行监督检查,也可以对下级行政机关实施行政许可的总体情况进行监督检查。

**第六十一条** 【对被许可人的监管】行政机关应当建立健全监督制度,通过核查反映被许可人从事行政许可事项活动情况的有关材料,履行监督责任。

行政机关依法对被许可人从事行政许可事项的活动进行监督检查时,应当将监督检查的情况和处理结果予以记录,由监督检查人员签字后归档。公众有权查阅行政机关监督检查记录。

行政机关应当创造条件,实现与被许可人、其他有关行政机关的计算机档案系统互联,核查被许可人从事行政许可事项活动情况。

**关联法规**

《民用航空行政许可工作规则》第48条

**第六十二条** 【对被许可产品、场所、设备的监管】行政机关可以对被许可人生产经营的产品依法进行抽样检查、检验、检测,对其生产经营场所依法进行实地检查。检查时,行政机关可以依法查阅或者要求被许可人报送有关材料;被许可人应当如实提供有关情况和材料。

行政机关根据法律、行政法规的规定,对直接关系公共安全、人身健康、生命财产安全的重要设备、设施进行定期检验。对检验合格的,行政机关应当发给相应的证明文件。

**关联法规**

《食品安全法》第110、113条

《特种设备安全法》

**第六十三条 【违法监督检查】**行政机关实施监督检查,不得妨碍被许可人正常的生产经营活动,不得索取或者收受被许可人的财物,不得谋取其他利益。

**条文注释**

本条是关于行政机关在实施监督检查的过程中的禁止性规定,是对行政机关在监督检查被许可人从事行政许可事项活动时的廉洁性和效率性提出的要求。行政机关对被许可人实施监督检查,目的在于监督被许可人严格依照行政许可要求的范围和条件进行生产经营。一方面,行政机关对被许可人的监督检查要避免行政行为的不当,甚至超越权限,干预被许可人正常的生产经营活动。另一方面,行政机关在实施监督检查时,要杜绝各种不廉洁行为,不得接受当事人的宴请、财物或者其他利益,保持行政许可行为的公务廉洁性。

本法第73条规定,行政机关工作人员办理行政许可、实施监督检查,索取或者收受他人财物或者谋取其他利益,构成犯罪的,依法追究刑事责任;尚不构成犯罪的,依法给予行政处分。

**关联法规**

《卫生行政许可管理办法》第52条

《海关行政许可管理办法》第44条

**第六十四条 【对被许可人跨域违法行为的抄告】**被许可人在作出行政许可决定的行政机关管辖区域外违法从事行政许可事项活动的,违法行为发生地的行政机关应当依法将被许可人的违法事实、处理结果抄告作出行政许可决定的行政机关。

**关联法规**

《行政处罚法》第 23 条
《药品管理法》第 111 条
《海关行政许可管理办法》第 45 条
《卫生行政许可管理办法》第 53 条

**第六十五条 【举报监督】**个人和组织发现违法从事行政许可事项的活动,有权向行政机关举报,行政机关应当及时核实、处理。

**关联法规**

《国务院全面推进依法行政实施纲要》第 34 条
《安全生产许可证条例》第 17 条
《卫生行政许可管理办法》第 54 条

**第六十六条 【对资源开发、利用被许可人的监管】**被许可人未依法履行开发利用自然资源义务或者未依法履行利用公共资源义务的,行政机关应当责令限期改正;被许可人在规定期限内不改正的,行政机关应当依照有关法律、行政法规的规定予以处理。

**关联法规**

《森林法》第 56 条
《海域使用管理法》第 23、24 条

**第六十七条 【对市场准入被许可人的监管】**取得直接关系公共利益的特定行业的市场准入行政许可的被许可人,应当按照国家规定的服务标准、资费标准和行政机关依法规定的条件,向用户提供安全、方便、稳定和价格合理的服务,并履行普遍服务的义务;未经作出行政许可决定的行政机关批准,不得擅自停业、歇业。

被许可人不履行前款规定的义务的,行政机关应当责令限期改正,或者依法采取有效措施督促其履行义务。

**关联法规**

《铁路法》第25、26条

《民用航空法》第124~126条

《电力法》第35~44条

**第六十八条 【对重要设备、设施的自检、监查】**对直接关系公共安全、人身健康、生命财产安全的重要设备、设施,行政机关应当督促设计、建造、安装和使用单位建立相应的自检制度。

行政机关在监督检查时,发现直接关系公共安全、人身健康、生命财产安全的重要设备、设施存在安全隐患的,应当责令停止建造、安装和使用,并责令设计、建造、安装和使用单位立即改正。

**关联法规**

《安全生产法》第21、36、41、46条

《特种设备安全法》第15、39条

《公安机关行政许可工作规定》第29条

**第六十九条 【对违法行政许可的撤销】**有下列情形之一的,作出行政许可决定的行政机关或者其上级行政机关,根据利害关系人的请求或者依据职权,可以撤销行政许可:

(一)行政机关工作人员滥用职权、玩忽职守作出准予行政许可决定的;

(二)超越法定职权作出准予行政许可决定的;

(三)违反法定程序作出准予行政许可决定的;

（四）对不具备申请资格或者不符合法定条件的申请人准予行政许可的；

（五）依法可以撤销行政许可的其他情形。

被许可人以欺骗、贿赂等不正当手段取得行政许可的，应当予以撤销。

依照前两款的规定撤销行政许可，可能对公共利益造成重大损害的，不予撤销。

依照本条第一款的规定撤销行政许可，被许可人的合法权益受到损害的，行政机关应当依法给予赔偿。依照本条第二款的规定撤销行政许可的，被许可人基于行政许可取得的利益不受保护。

**条文注释**

本条是关于行政机关撤销行政许可的情形的规定。本条中的撤销行政许可，是指由行政机关撤销有瑕疵的行政许可。这些行政许可在实施过程中就存在违法因素，属于无效行政许可。通过取消该行政许可行为，使其从成立时起就丧失法律效力，从而恢复到其未作出之前的状态。

根据本条的规定，有权撤销行政许可的机关是作出行政许可决定的行政机关或者其上级行政机关。撤销行政许可有两种途径：一是根据利害关系人的请求；二是行政机关依据自己的职权撤销行政许可。同时，本条第1款列举了作出行政许可决定的行政机关或其上级机关可依职权裁量决定是否撤销行政行为的五种情形。对于被许可人以欺骗、贿赂等不正当手段取得行政许可的情形，第2款明确规定必须予以撤销。

除规定撤销行政许可的各种情形外，本条还对撤销行为作出过程中的利益衡量作出了规定：(1)撤销许可可能严重损害公共利益时，行政机关可以不撤销已经作出的行政许可；(2)对于相对人的信赖利益应该予以保护，即依照本条第1款的规定撤销行政许可，被许可人的合法权益受到损害的,行政机关应当依法给予赔偿。但是被许可人以欺骗、贿赂等不正当手段取得行政许可,其基于行政许可取得的利益不受保护。

**关联法规**

《行政诉讼法》第 70 条
《卫生行政许可管理办法》第 57 条
《中国人民银行行政许可实施办法》第 53 条
《公安机关行政许可工作规定》第 32 条
《司法行政机关行政许可实施与监督工作规则(试行)》第 27 条

---

**第七十条 【行政许可注销】**有下列情形之一的,行政机关应当依法办理有关行政许可的注销手续:

(一)行政许可有效期届满未延续的;

(二)赋予公民特定资格的行政许可,该公民死亡或者丧失行为能力的;

(三)法人或者其他组织依法终止的;

(四)行政许可依法被撤销、撤回,或者行政许可证件依法被吊销的;

(五)因不可抗力导致行政许可事项无法实施的;

(六)法律、法规规定的应当注销行政许可的其他情形。

---

**关联法规**

《卫生行政许可管理办法》第 58 条
《司法行政机关行政许可实施与监督工作规则(试行)》第 28 条

## 第七章　法　律　责　任

**第七十一条　【违规许可的改正、撤销】**违反本法第十七条规定设定的行政许可，有关机关应当责令设定该行政许可的机关改正，或者依法予以撤销。

关联法规

《立法法》第107、108条

**第七十二条　【行政机关及其工作人员的违规责任】**行政机关及其工作人员违反本法的规定，有下列情形之一的，由其上级行政机关或者监察机关责令改正；情节严重的，对直接负责的主管人员和其他直接责任人员依法给予行政处分：

（一）对符合法定条件的行政许可申请不予受理的；

（二）不在办公场所公示依法应当公示的材料的；

（三）在受理、审查、决定行政许可过程中，未向申请人、利害关系人履行法定告知义务的；

（四）申请人提交的申请材料不齐全、不符合法定形式，不一次告知申请人必须补正的全部内容的；

（五）违法披露申请人提交的商业秘密、未披露信息或者保密商务信息的；

（六）以转让技术作为取得行政许可的条件，或者在实施行政许可的过程中直接或者间接地要求转让技术的；

（七）未依法说明不受理行政许可申请或者不予行政许可的理由的；

（八）依法应当举行听证而不举行听证的。

**关联法规**

《公务员法》第59、61~65条

> **第七十三条　【行政机关工作人员违法收取财物】**行政机关工作人员办理行政许可、实施监督检查，索取或者收受他人财物或者谋取其他利益，构成犯罪的，依法追究刑事责任；尚不构成犯罪的，依法给予行政处分。

**关联法规**

《公务员法》第59、61~65条

《刑法》第385~388条

> **第七十四条　【行政机关违法实施许可】**行政机关实施行政许可，有下列情形之一的，由其上级行政机关或者监察机关责令改正，对直接负责的主管人员和其他直接责任人员依法给予行政处分；构成犯罪的，依法追究刑事责任：
> （一）对不符合法定条件的申请人准予行政许可或者超越法定职权作出准予行政许可决定的；
> （二）对符合法定条件的申请人不予行政许可或者不在法定期限内作出准予行政许可决定的；
> （三）依法应当根据招标、拍卖结果或者考试成绩择优作出准予行政许可决定，未经招标、拍卖或者考试，或者不根据招标、拍卖结果或者考试成绩择优作出准予行政许可决定的。

**关联法规**

《公务员法》第59、61~65条

《刑法》第397条

《建筑法》第77条

**第七十五条 【行政机关违规收费】**行政机关实施行政许可,擅自收费或者不按照法定项目和标准收费的,由其上级行政机关或者监察机关责令退还非法收取的费用;对直接负责的主管人员和其他直接责任人员依法给予行政处分。

截留、挪用、私分或者变相私分实施行政许可依法收取的费用的,予以追缴;对直接负责的主管人员和其他直接责任人员依法给予行政处分;构成犯罪的,依法追究刑事责任。

**关联法规**

《公务员法》第59、61~65条

《刑法》第384、396条

**第七十六条 【损害赔偿责任】**行政机关违法实施行政许可,给当事人的合法权益造成损害的,应当依照国家赔偿法的规定给予赔偿。

**条文注释**

本条是关于行政机关违法实施行政许可应当承担赔偿责任的规定。《国家赔偿法》第2条第1款规定:"国家机关和国家机关工作人员行使职权,有本法规定的侵犯公民、法人和其他组织合法权益的情形,造成损害的,受害人有依照本法取得国家赔偿的权利。"行政机关对其在实施行政许可过程中的违法行为,给当事人的合法权益造成损害的,应当承担赔偿责任。

行政机关违法实施行政许可致当事人的合法权益造成损失,有两种情况:一是行政机关违法实施行政许可,自行政许可依法生效至当事人从事行政许可事项的生产经营等活动结束,行政许可都没有被撤销。在此情况下行政许可给当事人的合法权益造成损害的,行政机关应当承担赔偿责任。二是行政机关因违法实施行政许可,而导致该行政许可被依法撤销。对这类情况本法第69条已经作出规定。根据本法第69条的规定,除了被许可人采取欺骗、贿赂等不正当手段取得行政许可的情形以外,行政许可因行政机关违法实施被撤销,使被许可人的合法权益受到损害的,行政机关应当依照《国家赔偿法》的有关规定给予赔偿。本条规定的当事人主要是指行政许可的申请人,在某些特定情况下还包括有关的利害关系人。

**关联法规**

《国家赔偿法》第3~16条

**第七十七条　【行政机关不履行监督或监督不力】**行政机关不依法履行监督职责或者监督不力,造成严重后果的,由其上级行政机关或者监察机关责令改正,对直接负责的主管人员和其他直接责任人员依法给予行政处分;构成犯罪的,依法追究刑事责任。

**关联法规**

《公务员法》第59、61~65条

《刑法》第397、408、412条

**第七十八条　【对有隐瞒情况等行为的申请人的处理】**行政许可申请人隐瞒有关情况或者提供虚假材料申请行政许可的,行政机关不予受理或者不予行政许可,并给予警告;行政许可申请属于直接关系公共安全、人身健康、生命财产安全事项的,申请人在一年内不得再次申请该行政许可。

**第七十九条　【对以欺骗等手段取得许可的处罚】**被许可人以欺骗、贿赂等不正当手段取得行政许可的,行政机关应当依法给予行政处罚;取得的行政许可属于直接关系公共安全、人身健康、生命财产安全事项的,申请人在三年内不得再次申请该行政许可;构成犯罪的,依法追究刑事责任。

**条文注释**

第79条是关于以欺骗、贿赂等不正当手段取得行政许可的被许可人的法律责任的规定。在许可过程中,许可申请人可能以欺骗、贿赂等不正当手段取得行政许可,因为这种行政许可是在申请人违背诚实信用原则的前提下获得的,所以不但其利益不受法律保护,还应要求其对自己的违法行为承担相应的法律责任。

根据本条的规定,被许可人通过不正当手段取得行政许可后的法律责任有四类:一是由有关的行政机关依法撤销其已经取得的行政许可;二是接受行政处罚;三是对直接关系公共安全、人身健康、生命财产安全事项的行政许可,申请人有本条规定的违法行为的,在3年内不得再次申请该行政许可;四是构成犯罪的,依法追究刑事责任。

**关联法规**

《刑法》第390~393条

第八十条 【对被许可人违法行为的处罚】被许可人有下列行为之一的,行政机关应当依法给予行政处罚;构成犯罪的,依法追究刑事责任:

(一)涂改、倒卖、出租、出借行政许可证件,或者以其他形式非法转让行政许可的;

(二)超越行政许可范围进行活动的;

(三)向负责监督检查的行政机关隐瞒有关情况、提供虚假材料或者拒绝提供反映其活动情况的真实材料的;

(四)法律、法规、规章规定的其他违法行为。

**关联法规**

《行政处罚法》第9条

第八十一条 【对未经许可擅自从事相关活动的处罚】公民、法人或者其他组织未经行政许可,擅自从事依法应当取得行政许可的活动的,行政机关应当依法采取措施予以制止,并依法给予行政处罚;构成犯罪的,依法追究刑事责任。

### 条文注释

本条是关于擅自从事依法应当取得行政许可的活动所承担的法律责任的规定。行政许可是一种授益性行政行为,但这种授益性行政行为也是对行政相对人行使权利和自由的必要的限制。这种必要的限制设定和实施行政许可的目的,是保障公民、法人或者其他组织所从事的活动不损害公共利益和社会利益。公民、法人或者其他组织从事的生产经营等活动,有两种情形:一种情形是,不需要行政机关的介入和干预,对公共利益和社会利益不会造成危害。对于这种情形,就不需要通过行政许可的方式予以管理;另一种情形是,如果不通过行政机关实施行政许可以及监督检查,就有可能危害公共利益和社会利益。对于这种情形,行政机关就应当通过行政许可的方式予以管理。当然,这种管理的方式必须依法进行。本条规定中涉及追究刑事责任的主要有以下罪名:(1)擅自设立金融机构罪。擅自设立金融机构罪,是指未经中国人民银行等主管部门批准,擅自设立商业银行、证券、期货、保险机构以及其他金融机构的行为。(2)擅自发行股票、公司、企业债券罪。擅自发行股票、公司、企业债券罪,是指未经国家有关主管部门批准,擅自发行股票、公司、企业债券,发行数额在50万元以上,或者擅自发行股票、公司、企业债券,不能及时清偿或者清退的,或者擅自发行股票、公司、企业债券造成恶劣影响的行为。(3)非法行医罪和非法进行节育手术罪。(4)非法采矿罪。此外,根据相关法律的规定,公民、法人或者其他组织未取得许可证,非法采伐林木、非法猎捕、杀害国家野生动物、非法捕捞、非法倾倒污染废弃物的,都应当依法追究刑事责任。

### 关联法规

《行政处罚法》第9条

《刑法》第174、179、336、343条

## 第八章 附　　则

**第八十二条 【期限的计算】**本法规定的行政机关实施行政许可的期限以工作日计算,不含法定节假日。

**第八十三条 【施行日期】**本法自2004年7月1日起施行。

本法施行前有关行政许可的规定,制定机关应当依照本法规定予以清理;不符合本法规定的,自本法施行之日起停止执行。

# 附录

## 国务院关于贯彻实施
## 《中华人民共和国行政许可法》的通知

(2003年9月28日 国发〔2003〕23号)

各省、自治区、直辖市人民政府,国务院各部委、各直属机构:

《中华人民共和国行政许可法》(以下简称行政许可法)已于2003年8月27日经十届全国人大常委会第四次会议通过,将于2004年7月1日起施行。这是我国社会主义民主与法制建设的一件大事。行政许可法的公布施行,对于保护公民、法人和其他组织的合法权益,深化行政审批制度改革,推进行政管理体制改革,从源头上预防和治理腐败,保障和监督行政机关有效实施行政管理,都有重要意义。保证行政许可法全面、正确地实施,并以此促进各级人民政府和政府各部门严格依法行政,是各级行政机关的一项重要职责。地方各级人民政府、国务院各部门对行政许可法的实施要高度重视,切实做好相关工作。为此,特通知如下:

一、从实践"三个代表"重要思想、全面推进依法行政的高度充分认识行政许可法的重要意义,认真学习、准确理解、严格执行行政许可法。行政许可法是继国家赔偿法、行政处罚法、行政复议法之后又一部规范政府共同行为的重要法律。其所确立的行政许可设定制度、相对集中行政许可权制度、行政许可的统一办理制度、行政许可实施程序制度、行政机关对被许可人的监督检查制度、实施行政许可的责任制度等等,都是对现行行政许可制度的规范和重大改革,对进一步转变政府职能、改革行政管理方式和推进依法行政,都将产生深远影响。各级行政机关工作人员特别是领导干部,要从实践"三个代表"重要思想的高度,认真学习贯彻这部法律。地方各级人民政府和政府各部门都要对学习、宣传、贯彻行政许可法作出具体部署,狠抓落实。要广泛利用各种舆论宣传工具宣传这部法律,让人民群众了解这部法律。要按照学用结合的原则,进一步加强对实施行政许可人员的培训,使其准确理解和熟练掌握行政许可法的规定。县级以上各级人民政府和政府各部门的法制工作机构要在本级政府或者本部门的统一领导下,具体组织好本地区、本部门的学习、宣传、培训工作。

二、抓紧做好有关行政许可规定的清理工作。根据行政许可法的规定,现行不少有关行政许可的规定都要依照行政许可法予以修改或者废止。各地区、各部门要抓紧清理现行有关行政许可的规定,对与行政许可法规定不一致的,要及时予以修改或者废止;对确需制定法律、法规的,要抓紧依法上升为法律、法规;国务院各部门对因行政管理需要必须实施行政许可又一时不能制定行政法规的,应当报国务院发布决定;省、自治区、直辖市人民政府根据本行政区域经济和社会发展情况,需要在本行政区域内停止实施行政法规设定的有关经济事务的行政许可的,应当及时提出意见,报国务院批准。各地区、各部门法制工作机构负责行政许可规定的清理工作,清理工作要在2004年7月1日前全部完成,并向社会公布清理结果。凡与行政许可法不一致的有关行政许可的规定,自行政许可法施行之日起一律停止执行。

三、依法清理行政许可的实施机关,加强队伍建设。根据行政许可法的规定,行政许可原则上只能由行政机关实施,非行政机关的组织未经法律、法规授权,不得行使行政许可权;没有法律、法规或者规章的明确规定,行政机关不得委托其他行政机关实施行政许可;行政机关实施行政许可,应当确定一个机构统一受理行政许可申请、统一送达行政许可决定。各地区、各部门要严格依照行政许可法的规定,抓紧清理现行各类实施行政许可的机构,凡是行政机关内设机构以自己名义实施行政许可的,或者法律、法规以外的其他规范性文件授权组织实施行政许可的,或者没有法律、法规、规章依据行政机关自行委托实施行政许可的,都要予以纠正。对清理后确定保留的行政许可实施机关或者组织的名单,应当向社会公布。各地区、各部门要以贯彻实施行政许可法为契机,把建设高效、廉洁的行政执法队伍作为提高依法行政水平的重要工作来抓,切实抓出成效。要通过采取加强法制教育、职业教育,规范工作程序,完善责任制度等各种有效措施,提高实施行政许可人员的素质,不断增强其工作责任心和依法办事的自觉性。

四、改革实施行政许可的体制和机制。行政许可法规定的实施行政许可的主体制度和程序制度,其中许多是对现行行政许可制度的重大改革和创新。各级人民政府和政府各部门都要严格执行这些制度,并结合实际,建立健全有关制度,改革行政管理方式,提高办事效率。各省、自治区、直辖市人民政府可以结合本地区实际提出相对集中行政许可权的意见,报国务院批准后施行。对由地方人民政府两个以上部门依法分别实施行政许可的,本级人民政府应当结合实际、积极探索,尽量实行统一办理、联合办理、集中办理。国务院有关部门要积极支持地方人民政府相对集中行政许可权,支持统一办理、联合办理、集中办理行政许可。要认真执行听证制度,依法确定听证的具体范围,明确主持听证的人员,制定听证规则;要完善有关听取利害关系人意见的程序制度,便于申请人、利害关系人陈述和申辩。各地区、各部门要认真执行有关通过招标、拍卖等公平竞争方式作出行政许可决定的规定,能够招标、拍卖的,都要进行招标、拍卖。

五、加强对行政许可的监督工作。行政许可法强化了对行政机关实施行政许可的监督制度,并对行政机关及其工作人员实施行政许可、监督检查及其责任作了明确规定。各地区、各部门要采取有效措施,将这些规定落到实处。要建立健全有关行政许可的规范性文件、重大行政许可决定的备案制度以及公民、法人和其他组织对违法和不当的行政许可决定的申诉、检举制度和行政许可统计制度等,及时发现、纠正违法实施行政许可的行为。

县级以上地方人民政府要切实加强对实施行政许可的监督检查。要把是否依法设定行政许可、是否依法受理行政许可申请、是否依法审查并作出行政许可决定、是否依法收取费用、是否依法履行监督职责等情况作为重点内容进行检查,发现违法实施行政许可的,要坚决予以纠正;应当追究法律责任的,要依法追究有关责任人员的法律责任。县级以上地方人民政府及其部门要确定机构,具体组织、承担对行政机关实施行政许可的监督检查工作。

六、为实施行政许可的正常工作提供必要的保障。根据行政许可法的规定,行政机关实施行政许可所需经费应当列入本行政机关的预算。本级财政部门要给予经费保障,防止将行政机关的预算经费与实施行政许可收取费用挂钩。要坚决杜绝出现行政机关通过实施行政许可违法收取费用以解决办公经费、人员福利等问题。行政机关实施行政许可违法收取费用,或者不执行"收支两条线"规定,截留、挪用、私分或者变相私分实施行政许可收取的费用的,要依法严肃处理,首先要追究直接责任人和负责人的责任。

七、以贯彻实施行政许可法为契机,加强政府法制建设,全面推进依法行政。党的十六大提出,"加强对执法活动的监督,推进依法行政",这对政府法制工作提出了新的更高要求。各级政府和政府各部门都要充分认识做好新时期政府法制工作的重要性,把加强政府法制建设、全面推进依法行政摆到政府工作的重要位置,列入重要议程。当前,要通过实施行政许可法,进一步加强政府立法工作、执法工作和执法监督工作,切实提高行政机关依法行政的能力和水平。

贯彻实施行政许可法,需要清理完善行政许可有关制度,规范行政机关行政许可行为,强化对实施行政许可的监督。这些工作的法律性、专业性很强,需要有一个熟悉法律和行政管理又相对比较超脱的机构具体办理。政府和政府部门的法制工作机构在这方面负有重要责任。县级以上地方人民政府和政府各部门都要适应全面推进依法行政的要求,采取切实有效的措施,进一步解决法制工作机构在机构、人员、经费方面的困难,充分发挥其协助本级政府或者本部门领导办理法制事项的参谋、助手作用。法制工作机构也要加强自身的组织建设和业务建设，提高自身的素质，积极履行好政府和部门领导在依法行政方面的法律顾问的职责。

各地区、各部门接到本通知后，要结合本地区、本部门的实际情况，认真研究、落实。对行政许可法实施中的有关重要情况和问题，请及时报告国务院。

# 国务院法制办公室对《关于提请解释〈中华人民共和国行政许可法〉有关适用问题的函》的复函

（2004年8月2日　国法函〔2004〕293号）

新闻出版总署：

你署关于提请解释《中华人民共和国行政许可法》有关适用问题的函（新出法规〔2004〕759号）收悉。经研究，现答复如下，供参考：

一、公民、法人或者其他组织具体向哪个行政部门申请行政许可，应当根据特定的行政许可事项、设定该行政许可的法律、行政法规和其他有关规定确定。

二、法律、行政法规规定的取得有关行政许可的条件、标准应当是全国统一的。只要申请人取得的行政许可的适用范围依法没有地域限制，被许可人在一个地方取得了行政许可，就可以在全国范围内从事被许可的活动，无需在其他地方再次申请同一行政许可或者目的相同的行政许可。例如，一个建筑企业在某地依法登记、取得营业执照后，就可以在全国范围内参加投标、承揽建设工程,无需在其他地方再次申请登记、办理营业执照。但是,如果为了方便生产经营活动,在某地依法设立的企业拟在其他地方设立分支机构或者投资设立独立核算的法人,则应当按照有关法律、行政法规等的规定申请办理登记、领取营业执照。

三、行政许可法第四十一条规定,法律、行政法规设定的行政许可,其适用范围没有地域限制的,申请人取得的行政许可在全国范围内有效。据此,一项行政许可如果有地域限制,行政机关作出的准予行政许可决定应当明确规定该行政许可的适用范围。例如,公民、法人或者其他组织申请取水,行政机关作出的准予行政许可决定应当规定取水量和取水地点,被许可人只能在该地点取水。

四、根据行政许可法第十五条第一款的规定,对依法可以设定行政许可的事项,法律或者行政法规已设定行政许可的,地方性法规或者规章只能对如何实施该行政许可作出具体规定,不得再设行政许可。

五、地方性法规对其设定的行政许可的适用范围没有施加地域限制的,申请人取得的行政许可在本行政区域内有效。

六、根据行政许可法第六十四条的规定,被许可人在作出行政许可决定的行政机关管辖区域外违法从事行政许可事项活动的,违法行为发生地的行政机关应当依法查处,并将被许可人的违法事实、处理结果抄告作出行政许可决定的行政机关。

七、行政许可法实施前制定的法律、行政法规设定行政许可,有的没有规定行政许可的条件。为了实施有关行政许可,规章对行政许可的条件作出的具体规定,根据《国务院对确需保留的行政审批项目设定行政许可的决定》(国务院第412号令)的有关规定,不属于行政许可法第十六条第四款规定的"增设违反上位法的其他条件"。七月一日行政许可法施行后制定或者修改有关法律、行政法规时,应当按照行政许可法第十八条的要求,对行政许可的条件作出明确规定。

附：

# 新闻出版总署关于提请解释《中华人民共和国行政许可法》有关适用问题的函

（2004年6月18日　新出法规〔2004〕759号）

国务院法制办公室：

随着《中华人民共和国行政许可法》实施的日益临近，我署不断接到一些地方新闻出版局关于该法具体适用问题的请示。我署将问题加以整理，现请贵办予以解释：

一、公民、法人或者其他组织要申请取得法律、行政法规设定的许可，向谁申请，向申请人所在地的行政部门申请？还是向拟设立的单位的住所地的行政部门申请？

二、"全国有效"的具体含义是什么？一般来说，公民、法人或者其他组织取得法律、行政法规设定的许可后，到异地从事经许可的行为大概有三种情况：

1. 临时派人去开展活动；
2. 到异地设立分支机构开展活动；
3. 在异地投资设立独立核算的法人开展活动。

"全国有效"是否涵盖了以上三种情况？

三、公众或管理部门如何识别某一项许可是否全国有效？许可一般可分为批准文件或者许可证，批准文件或者许可证上是否需要写明"全国有效"？还是不写地域范围就意味着全国有效？

四、法律、行政法规设定的许可，地方性法规或者规章也设定了，对该项许可如何认定？是全国有效还是地方有效？

五、能否类推为:省级地方人大地方性法规设定的许可,当事人取得的许可,全省范围有效?

六、"没有地域限制的",是否指法律行政法规必须有明确的规定?没有规定,是否推定为"没有地域限制"?

七、"全国有效"和地域管辖的矛盾如何处理?例如,甲省合法的新闻出版单位到乙省设立分支机构开展出版活动,按"全国有效"的规定,可以不用再取得乙省的许可,那么,乙省的新闻出版行政管理部门如何掌握情况,进行管理?

八、《行政许可法》第十六条规定:规章对行政许可条件作出的具体规定,不得增设违反上位法的其他条件。但有些上位法只规定了行政许可项目和实施机关,并未规定行政许可条件。在此种情况下,规章具体规定行政许可条件,是否属于"增设违反上位法的其他条件"?

请予以具体解释为盼。

# 卫生行政许可管理办法

(2004年11月17日卫生部令第38号发布 根据2017年12月26日国家卫生和计划生育委员会令第18号《关于修改〈新食品原料安全性审查管理办法〉等7件部门规章的决定》修订)

## 第一章 总 则

**第一条** 为规范卫生计生行政部门实施卫生行政许可,根据《中华人民共和国行政许可法》(以下简称《行政许可法》)和有关卫生法律法规的规定,制定本办法。

**第二条** 卫生行政许可是卫生计生行政部门根据公民、法人或者其他组织的申请,按照卫生法律、法规、规章和卫生标准、规范进行审查,准予其从事与卫生管理有关的特定活动的行为。

**第三条** 实施卫生行政许可,应当遵循公开、公平、公正、便民原则,提高办事效率,提供优质服务。

**第四条** 各级卫生计生行政部门实施的卫生行政许可应当有下列法定依据:

(一)法律、行政法规;

(二)国务院决定;

(三)地方性法规;

(四)省、自治区、直辖市人民政府规章。

各级卫生计生行政部门不得自行设定卫生行政许可项目,不得实施没有法定依据的卫生行政许可。

**第五条** 卫生计生行政部门实施卫生行政许可必须严格遵守法律、法规、规章规定的权限和程序。

法律、法规、规章规定由上级卫生行政机关实施的卫生行政许可,下级卫生行政机关不得实施;法律、法规、规章规定由下级卫生行政机关实施的卫生行政许可,上级卫生行政机关不得实施,但应当对下级卫生行政机关实施卫生行政许可的行为加强监督。

法律、法规、规章未明确规定实施卫生行政许可的卫生计生行政部门级别的,或者授权省级卫生计生行政部门对此作出规定的,省级卫生计生行政部门应当作出具体规定。

**第六条** 卫生计生行政部门实施的卫生行政许可需要内设的多个机构办理的,应当确定一个机构统一受理卫生行政许可申请和发放行政许可决定。

**第七条** 公民、法人或者其他组织对卫生计生行政部门实施卫生行政许可享有陈述权、申辩权和依法要求听证的权利;有权依法申请行政复议或者提起行政诉讼;其合法权益因卫生计生行政部门违法实施卫生行政许可受到损害的,有权依法要求赔偿。

**第八条** 任何单位和个人对违法实施卫生行政许可的行为有权进行举报,卫生计生行政部门应当及时核实、处理。

## 第二章 申请与受理

**第九条** 公民、法人或者其他组织申请卫生行政许可,应当按照法律、法规、规章规定的程序和要求向卫生计生行政部门提出申请。申请书格式文本由卫生计生行政部门提供。

申请人可以委托代理人提出卫生行政许可申请,代理人办理卫生行政许可申请时应当提供委托代理证明。

**第十条** 卫生计生行政部门应当公示下列与办理卫生行政许可事项相关的内容:

(一)卫生行政许可事项、依据、条件、程序、期限、数量;

(二)需要提交的全部材料目录;

(三)申请书示范文本;

(四)办理卫生行政许可的操作流程、通信地址、联系电话、监督电话。

有条件的卫生计生行政部门应当在相关网站上公布前款所列事项,方便申请人提出卫生行政许可,提高办事效率。

卫生计生行政部门应当根据申请人的要求,对公示内容予以说明、解释。

**第十一条** 申请人申请卫生行政许可,应当如实向卫生计生行政部门提交有关材料,并对其申请材料的真实性负责,承担相应的法律责任。卫生计生行政部门不得要求申请人提交与其申请的卫生行政许可事项无关的技术资料和其他材料。

**第十二条** 卫生计生行政部门接收卫生行政许可申请时,应当对申请事项是否需要许可、申请材料是否齐全等进行核对,并根据下列情况分别作出处理：

（一）申请事项依法不需要取得卫生行政许可的，应当即时告知申请人不受理；

（二）申请事项依法不属于卫生计生行政部门职权范围的，应当即时作出不予受理的决定，并告知申请人向有关行政机关申请；

（三）申请材料存在可以当场更正的错误，应当允许申请人当场更正，但申请材料中涉及技术性的实质内容除外。申请人应当对更正内容予以书面确认；

（四）申请材料不齐全或者不符合法定形式的，应当当场或者在5日内出具申请材料补正通知书，一次告知申请人需要补正的全部内容，逾期不告知的，自收到申请材料之日起即为受理；补正的申请材料仍然不符合有关要求的，卫生计生行政部门可以要求继续补正；

（五）申请材料齐全、符合法定形式，或者申请人按照要求提交全部补正申请材料的，卫生计生行政部门应当受理其卫生行政许可申请。

**第十三条** 卫生计生行政部门受理或者不予受理卫生行政许可申请的，应当出具加盖卫生计生行政部门专用印章和注明日期的文书。

**第十四条** 卫生行政许可申请受理后至卫生行政许可决定作出前，申请人书面要求撤回卫生行政许可申请的，可以撤回；撤回卫生行政许可申请的，卫生计生行政部门终止办理，并通知申请人。

## 第三章 审查与决定

**第十五条** 卫生计生行政部门受理申请后，应当及时对申请人提交的申请材料进行审查。

卫生计生行政部门根据法律、法规和规章的规定，确定审查申请材料的方式。

**第十六条** 卫生计生行政部门对申请材料审查后，应当在受理申请之日起20日内作出卫生行政许可决定；20日内不能作出卫生行政许可决定的，经本级卫生计生行政部门负责人批准，可以延长10日，并应当将延长期限的理由书面告知申请人。

法律、法规对卫生行政许可期限另有规定的,依照其规定。

**第十七条** 卫生计生行政部门依法需要对申请人进行现场审查的,应当及时指派两名以上工作人员进行现场审查,并根据现场审查结论在规定期限内作出卫生行政许可决定。

**第十八条** 卫生计生行政部门依法需要对申请行政许可事项进行检验、检测、检疫的,应当自受理申请之日起5日内指派两名以上工作人员按照技术标准、技术规范进行检验、检测、检疫,并书面告知检验、检测、检疫所需期限。需要延长检验、检测、检疫期限的,应当另行书面告知申请人。检验、检测、检疫所需时间不计算在卫生行政许可期限内。

**第十九条** 卫生计生行政部门依法需要根据鉴定、专家评审结论作出卫生行政许可决定的,应当书面告知申请人组织专家评审的所需期限。卫生计生行政部门根据专家评审结论作出是否批准的卫生行政许可决定。需要延长专家评审期限的,应当另行书面告知申请人。鉴定、专家评审所需时间不计算在卫生行政许可期限内。

**第二十条** 卫生计生行政部门依法需要根据考试、考核结果作出卫生行政许可决定的,申请人在考试、考核合格成绩确定后,根据其考试、考核结果向卫生计生行政部门提出申请,卫生计生行政部门应当在规定期限内作出卫生行政许可决定。

卫生计生行政部门根据考试成绩和其他法定条件作出卫生行政许可决定的,应当事先公布资格考试的报名条件、报考办法、考试科目以及考试大纲。但是,不得组织强制性的资格考试的考前培训,不得指定教材或者其他助考材料。

**第二十一条** 卫生计生行政部门依法需要根据检验、检测、检疫结果作出卫生行政许可决定的,检验、检测、检疫工作由依法认定的具有法定资格的技术服务机构承担。

申请人依法可自主选择具备法定资格的检验、检测、检疫机构,卫生计生行政部门不得为申请人指定检验、检测、检疫机构。

**第二十二条** 依法应当逐级审批的卫生行政许可,下级卫生计生行政部门应当在法定期限内按规定程序和要求出具初审意见,并将初步审查意见和全部申报材料报送上级卫生计生行政部门审批。法律、法规另有规定的,依照其规定。

符合法定要求的,上级卫生计生行政部门不得要求申请人重复提供申请材料。

**第二十三条** 卫生计生行政部门作出不予卫生行政许可的书面决定的,应当说明理由,告知申请人享有依法申请行政复议或者提起行政诉讼的权利,并加盖卫生计生行政部门印章。

**第二十四条** 申请人的申请符合法定条件、标准的,卫生计生行政部门应当依法作出准予卫生行政许可的书面决定。依法需要颁发卫生行政许可证件的,应当向申请人颁发加盖卫生计生行政部门印章的卫生行政许可证件。

卫生行政许可证件应当按照规定载明证件名称、发证机关名称、持证人名称、行政许可事项名称、有效期、编号等内容,并加盖卫生计生行政部门印章,标明发证日期。

**第二十五条** 卫生计生行政部门作出的卫生行政许可决定,除涉及国家秘密、商业秘密或者个人隐私的外,应当予以公开,公众有权查阅。

**第二十六条** 卫生计生行政部门应当建立健全卫生行政许可档案管理制度,妥善保存有关申报材料和技术评价资料。

**第二十七条** 申请人依法取得的卫生行政许可,其适用范围没有地域限制的,在全国范围内有效,各级卫生计生行政部门不得采取备案、登记、注册等方式重复或者变相重复实施卫生行政许可。

**第二十八条** 同一公民、法人或者其他组织在同一地点的生产经营场所需要多项卫生行政许可,属于同一卫生计生行政部门实施行政许可的,卫生计生行政部门可以只发放一个卫生行政许可证件,其多个许可项目应当分别予以注明。

## 第四章 听 证

**第二十九条** 法律、法规、规章规定实施卫生行政许可应当听证的事项,或者卫生计生行政部门认为需要听证的涉及重大公共利益的卫生行政许可事项,卫生计生行政部门应当在作出卫生行政许可决定前向社会公告,并举行听证。听证公告应当明确听证事项、听证举行的时间、地点、参加人员要求及提出申请的时间和方式等。

**第三十条** 卫生行政许可直接涉及申请人与他人之间重大利益关系,卫生计生行政部门应当在作出卫生行政许可决定前发出卫生行政许可听证告知书,告知申请人、利害关系人有要求听证的权利。

**第三十一条** 申请人、利害关系人要求听证的,应当自收到卫生计生行政部门卫生行政许可听证告知书后五日内提交申请听证的书面材料。逾期不提交的,视为放弃听证的权利。

**第三十二条** 卫生计生行政部门应当在接到申请人、利害关系人申请听证的书面材料二十日内组织听证,并在举行听证的七日前,发出卫生行政许可听证通知书,将听证的事项、时间、地点通知申请人、利害关系人。

**第三十三条** 申请人、利害关系人在举行听证前,撤回听证申请的,应当准许,并予记录。

**第三十四条** 申请人、利害关系人可以亲自参加听证,也可以委托代理人参加听证,代理人应当提供委托代理证明。

**第三十五条** 根据规定需要听证的,由卫生计生行政部门具体实施行政许可的机构负责组织。听证由卫生计生行政部门的法制机构主持。

申请人、利害关系人不承担卫生计生行政部门组织听证的费用。

**第三十六条** 申请人、利害关系人认为听证主持人与卫生行政许可有直接利害关系的,有权申请回避。

**第三十七条** 有下列情形之一的,可以延期举行听证:

（一）申请人、利害关系人有正当理由未到场的；

（二）申请人、利害关系人提出回避申请理由成立，需要重新确定主持人的；

（三）其他需要延期的情形。

**第三十八条** 举行听证时，卫生行政许可审查人提出许可审查意见，申请人、利害关系人进行陈述、申辩和质证。

**第三十九条** 听证应当制作笔录，听证笔录应当载明下列事项：

（一）卫生行政许可事项；

（二）听证参加人姓名、年龄、身份；

（三）听证主持人、听证员、书记员姓名；

（四）举行听证的时间、地点、方式；

（五）卫生行政许可审查人提出的许可审查意见；

（六）申请人、利害关系人陈述、申辩和质证的内容。

听证主持人应当在听证后将听证笔录当场交申请人、利害关系人审核，并签名或盖章。申请人、利害关系人拒绝签名的，由听证主持人在听证笔录上说明情况。

**第四十条** 听证结束后，听证主持人应当依据听证情况，提出书面意见。

**第四十一条** 听证所需时间不计算在卫生行政许可期限内。

## 第五章 变更与延续

**第四十二条** 被许可人在卫生行政许可有效期满前要求变更卫生行政许可事项的，应当向作出卫生行政许可决定的卫生计生行政部门提出申请，并按照要求提供有关材料。

卫生计生行政部门对被许可人提出的变更申请，应当按照有关规定进行审查。对符合法定条件和要求的，卫生计生行政部门应当依法予以变更，并换发行政许可证件或者在原许可证件上予以注明；对不符合法定条件和要求的，卫生计生行政部门应当作出不予变更行政许可的书面决定,并说明理由。

**第四十三条** 按照法律、法规、规章规定不属于可以变更情形的,应当按照规定重新申请卫生行政许可。

**第四十四条** 被许可人依法需要延续卫生行政许可有效期的,应当在该卫生行政许可有效期届满30日前向作出卫生行政许可决定的卫生计生行政部门提出申请,并按照要求提供有关材料。但法律、法规、规章另有规定的,依照其规定。

**第四十五条** 卫生计生行政部门接到延续申请后,应当按照本办法的有关规定作出受理或者不予受理的决定。受理延续申请的,应当在该卫生行政许可有效期届满前作出是否准予延续的决定;逾期未作决定的,视为准予延续。

卫生计生行政部门作出不受理延续申请或者不准予延续决定的,应当书面告知理由。

被许可人未按照规定申请延续和卫生计生行政部门不受理延续申请或者不准予延续的,卫生行政许可有效期届满后,原许可无效,由作出卫生行政许可决定的卫生计生行政部门注销并公布。

**第四十六条** 依法取得的卫生行政许可,除法律、法规规定依照法定条件和程序可以转让的外,不得转让。

## 第六章 监督检查

**第四十七条** 卫生计生行政部门应当建立健全行政许可管理制度,对卫生行政许可行为和被许可人从事卫生行政许可事项的活动实施全面监督。

**第四十八条** 上级卫生计生行政部门应当加强对下级卫生计生行政部门实施的卫生行政许可的监督检查,发现下级卫生计生行政部门实施卫生行政许可违反规定的,应当责令下级卫生计生行政部门纠正或者直接予以纠正。

**第四十九条** 卫生计生行政部门发现本机关工作人员违反规定实

施卫生行政许可的,应当立即予以纠正。

卫生计生行政部门发现其他地方卫生计生行政部门违反规定实施卫生行政许可的,应当立即报告共同上级卫生计生行政部门。接到报告的卫生计生行政部门应当及时进行核实,对情况属实的,应当责令有关卫生计生行政部门立即纠正;必要时,上级卫生计生行政部门可以直接予以纠正。

**第五十条** 卫生计生行政部门应当加强对被许可人从事卫生行政许可事项活动情况的监督检查,并按照规定记录监督检查情况和处理结果,监督检查记录应当按照要求归档。

**第五十一条** 卫生计生行政部门依法对被许可人生产、经营、服务的场所和生产经营的产品以及使用的用品用具等进行实地检查、抽样检验、检测时,应当严格遵守卫生行政执法程序和有关规定。

**第五十二条** 卫生计生行政部门实施监督检查,不得妨碍被许可人正常生产经营和服务活动,不得索取或者收受被许可人的财物,不得谋取其他利益。

卫生计生行政部门对被许可人提供的有关技术资料和商业秘密负有保密责任。

**第五十三条** 对违法从事卫生行政许可事项活动的,卫生计生行政部门应当及时予以查处。对涉及本辖区外的违法行为,应当通报有关卫生计生行政部门进行协查;接到通报的卫生计生行政部门应当及时组织协查;必要时,可以报告上级卫生计生行政部门组织协查;对于重大案件,由国家卫生计生委组织协查。

卫生计生行政部门应当将查处的违法案件的违法事实、处理结果告知作出卫生行政许可决定的卫生计生行政部门。

**第五十四条** 卫生计生行政部门应当设立举报、投诉电话,任何单位和个人发现违法从事卫生行政许可事项的活动,有权向卫生计生行政部门举报,卫生计生行政部门应当及时核实、处理。

**第五十五条** 卫生计生行政部门在安排工作经费时,应当优先保证实施卫生行政许可所需经费。

卫生计生行政部门实施卫生行政许可时,除法律、行政法规规定外,不得收取任何费用。

**第五十六条** 被许可人取得卫生行政许可后,应当严格按照许可的条件和要求从事相应的活动。

卫生计生行政部门发现被许可人从事卫生行政许可事项的活动,不符合其申请许可时的条件和要求的,应当责令改正;逾期不改正的,应当依法收回或者吊销卫生行政许可。

**第五十七条** 有下列情况之一的,作出卫生行政许可决定的卫生计生行政部门或者上级卫生计生行政部门,可以撤销卫生行政许可:

(一)卫生计生行政部门工作人员滥用职权、玩忽职守,对不符合法定条件的申请人作出准予卫生行政许可决定的;

(二)超越法定职权作出准予卫生行政许可决定的;

(三)违反法定程序作出准予卫生行政许可决定的;

(四)对不具备申请资格或者不符合法定条件的申请人准予卫生行政许可的;

(五)依法可以撤销卫生行政许可决定的其他情形。

被许可人以欺骗、贿赂等不正当手段取得卫生行政许可的,应当予以撤销。

撤销卫生行政许可,可能对公共利益造成重大损失的,不予撤销。依照本条第一款的规定撤销卫生行政许可,被许可人的合法权益受到损害的,卫生计生行政部门应当依法予以赔偿。

**第五十八条** 有下列情形之一的,卫生计生行政部门应当依法办理有关卫生行政许可的注销手续:

(一)卫生行政许可复验期届满或者有效期届满未延续的;

(二)赋予公民特定资格的卫生行政许可,该公民死亡或者丧失行为能力的;

(三)法人或其他组织依法终止的;

(四)卫生行政许可被依法撤销、撤回、或者卫生行政许可证件被依法吊销的;

（五）因不可抗力导致卫生行政许可事项无法实施的；

（六）法律、法规规定的应当注销卫生行政许可的其他情形。

**第五十九条** 各级卫生计生行政部门应当定期对其负责实施的卫生行政许可工作进行评价，听取公民、法人或者其他组织对卫生行政许可工作的意见和建议，并研究制定改进工作的措施。

## 第七章 法 律 责 任

**第六十条** 卫生计生行政部门及其工作人员违反本办法规定，有下列行为之一的，由上级卫生计生行政部门责令改正；拒不改正或者有其他情节严重的情形的，对直接负责的主管人员和其他直接责任人员依法给予行政处分：

（一）对符合法定条件的卫生行政许可申请不予受理的；

（二）不在卫生行政许可受理场所公示依法应当公示的材料的；

（三）在受理、审查、决定卫生行政许可过程中，未向申请人、利害关系人履行法定告知义务的；

（四）申请人提交的申请材料不齐全、不符合法定形式，能够一次告知而未一次告知申请人必须补正的全部内容的；

（五）未向申请人说明不予受理或者不予卫生行政许可的理由的；

（六）依法应当举行听证而不举行听证的。

**第六十一条** 卫生计生行政部门及其工作人员违反本办法规定，有下列行为之一的，由上级卫生计生行政部门责令改正，并对直接负责的主管人员和其他直接责任人员依法给予行政处分；涉嫌构成犯罪的，移交司法机关追究刑事责任：

（一）对不符合法定条件的申请人准予卫生行政许可或者超越法定职权作出准予卫生行政许可决定的；

（二）对符合法定条件的申请人不予卫生行政许可或者不在法定期限内作出准予卫生行政许可决定的；

（三）索取或者收受财物或者谋取其他利益的；

(四)法律、行政法规规定的其他违法情形。

**第六十二条** 卫生计生行政部门不依法履行监督职责或者监督不力,造成严重后果的,由其上级卫生计生行政部门责令改正,并对直接负责的主管人员和其他责任人员依法给予行政处分;涉嫌构成犯罪的,移交司法机关追究刑事责任。

**第六十三条** 申请人提供虚假材料或者隐瞒真实情况的,卫生计生行政部门不予受理或者不予许可,并给予警告,申请人在一年内不得再次申请该许可事项。

**第六十四条** 被许可人以欺骗、贿赂等不正当手段取得卫生行政许可的,卫生计生行政部门应当依法给予行政处罚,申请人在三年内不得再次申请该卫生行政许可;涉嫌构成犯罪的,移交司法机关追究刑事责任。

**第六十五条** 被许可人有下列行为之一的,卫生计生行政部门应当依法给予行政处罚;涉嫌构成犯罪的,移交司法机关追究刑事责任:

(一)涂改、倒卖、出租、出借或者以其他方式非法转让卫生行政许可证件的;

(二)超越卫生行政许可范围进行活动的;

(三)在卫生监督检查中提供虚假材料、隐瞒活动真实情况或者拒绝提供真实材料的;

(四)应依法申请变更的事项未经批准擅自变更的;

(五)法律、法规、规章规定的其他违法行为。

**第六十六条** 公民、法人或者其他组织未经卫生行政许可,擅自从事依法应当取得卫生行政许可的活动的,由卫生计生行政部门依法采取措施予以制止,并依法给予行政处罚;涉嫌构成犯罪的,移交司法机关追究刑事责任。

## 第八章 附 则

**第六十七条** 本办法规定的实施卫生行政许可的期限是指工作

日,不包括法定节假日。

**第六十八条** 本办法规定的卫生行政许可文书样本供各地参照执行。除本办法规定的文书样本外,省级卫生计生行政部门可根据工作需要补充相应文书。

**第六十九条** 本办法自发布之日起施行。

附件:卫生行政许可文书样本(略)

# 交通行政许可实施程序规定

(2004年11月22日交通部令2004年第10号公布
自2005年1月1日起施行)

**第一条** 为保证交通行政许可依法实施,维护交通行政许可各方当事人的合法权益,保障和规范交通行政机关依法实施行政管理,根据《中华人民共和国行政许可法》(以下简称《行政许可法》),制定本规定。

**第二条** 实施交通行政许可,应当遵守《行政许可法》和有关法律、法规及本规定规定的程序。

本规定所称交通行政许可,是指依据法律、法规、国务院决定、省级地方人民政府规章的设定,由本规定第三条规定的实施机关实施的行政许可。

**第三条** 交通行政许可由下列机关实施:

(一)交通部、地方人民政府交通主管部门、地方人民政府港口行政管理部门依据法定职权实施交通行政许可;

(二)海事管理机构、航标管理机关、县级以上道路运输管理机构在

法律、法规授权范围内实施交通行政许可;

(三)交通部、地方人民政府交通主管部门、地方人民政府港口行政管理部门在其法定职权范围内,可以依据本规定,委托其他行政机关实施行政许可。

**第四条** 实施交通行政许可,应当遵循公开、公平、公正、便民、高效的原则。

**第五条** 实施交通行政许可,实施机关应当按照《行政许可法》的有关规定,将下列内容予以公示:

(一)交通行政许可的事项;

(二)交通行政许可的依据;

(三)交通行政许可的实施主体;

(四)受委托行政机关和受委托实施行政许可的内容;

(五)交通行政许可统一受理的机构;

(六)交通行政许可的条件;

(七)交通行政许可的数量;

(八)交通行政许可的程序和实施期限;

(九)依法需要举行听证的交通行政许可事项;

(十)需要申请人提交材料的目录;

(十一)申请书文本式样;

(十二)作出的准予交通行政许可的决定;

(十三)实施交通行政许可依法应当收费的法定项目和收费标准;

(十四)交通行政许可的监督部门和投诉渠道;

(十五)依法需要公示的其他事项。

已实行电子政务的实施机关应当公布网站地址。

**第六条** 交通行政许可的公示,可以采取下列方式:

(一)在实施机关的办公场所设置公示栏、电子显示屏或者将公示信息资料集中在实施机关的专门场所供公众查阅;

(二)在联合办理、集中办理行政许可的场所公示;

(三)在实施机关的网站上公示;

(四)法律、法规和规章规定的其他方式。

**第七条** 公民、法人或者其他组织,依法申请交通行政许可的,应当依法向交通行政许可实施机关提出。

申请人申请交通行政许可,应当如实向实施机关提交有关材料和反映真实情况,并对其申请材料实质内容的真实性负责。

**第八条** 申请人以书面方式提出交通行政许可申请的,应当填写本规定所规定的《交通行政许可申请书》。但是,法律、法规、规章对申请书格式文本已有规定的,从其规定。

依法使用申请书格式文本的,交通行政机关应当免费提供。

申请人可以通过信函、电报、电传、传真、电子数据交换和电子邮件等方式提交交通行政许可申请。

申请人以书面方式提出交通行政许可申请确有困难的,可以口头方式提出申请,交通行政机关应当记录申请人申请事项,并经申请人确认。

**第九条** 申请人可以委托代理人代为提出交通行政许可申请,但依法应当由申请人到实施机关办公场所提出行政许可申请的除外。

代理人代为提出申请的,应当出具载明委托事项和代理人权限的授权委托书,并出示能证明其身份的证件。

**第十条** 实施机关收到交通行政许可申请材料后,应当根据下列情况分别作出处理:

(一)申请事项依法不需要取得交通行政许可的,应当即时告知申请人不受理;

(二)申请事项依法不属于本实施机关职权范围的,应当即时作出不予受理的决定,并向申请人出具《交通行政许可申请不予受理决定书》,同时告知申请人应当向有关行政机关提出申请;

(三)申请材料可以当场补全或者更正错误的,应当允许申请人当场补全或者更正错误;

(四)申请材料不齐全或者不符合法定形式,申请人当场不能补全或者更正的,应当当场或者在5日内向申请人出具《交通行政许可申请补正通知书》,一次性告知申请人需要补正的全部内容;逾期不告知的,自收到申请材料之日起即为受理。

(五)申请事项属于本实施机关职权范围,申请材料齐全,符合法定形式,或者申请人已提交全部补正申请材料的,应当在收到完备的申请材料后受理交通行政许可申请,除当场作出交通行政许可决定的外,应当出具《交通行政许可申请受理通知书》。

《交通行政许可申请不予受理决定书》、《交通行政许可申请补正通知书》、《交通行政许可申请受理通知书》,应当加盖实施机关行政许可专用印章,注明日期。

第十一条 交通行政许可需要实施机关内设的多个机构办理的,该实施机关应当确定一个机构统一受理行政许可申请,并统一送达交通行政许可决定。

实施机关未确定统一受理内设机构的,由最先受理的内设机构作为统一受理内设机构。

第十二条 实施交通行政许可,应当实行责任制度。实施机关应当明确每一项交通行政许可申请的直接负责的主管人员和其他直接责任人员。

第十三条 实施机关受理交通行政许可申请后,应当对申请人提交的申请材料进行审查。

申请人提交的申请材料齐全、符合法定形式,实施机关能够当场作出决定的,应当当场作出交通行政许可决定,并向申请人出具《交通行政许可(当场)决定书》。

依照法律、法规和规章的规定,需要对申请材料的实质内容进行核实的,应当审查申请材料反映的情况是否与法定的行政许可条件相一致。

实施实质审查,应当指派两名以上工作人员进行。可以采用以下方式:

(一)当面询问申请人及申请材料内容有关的相关人员;

(二)根据申请人提交的材料之间的内容相互进行印证;

(三)根据行政机关掌握的有关信息与申请材料进行印证;

（四）请求其他行政机关协助审查申请材料的真实性；

（五）调取查阅有关材料，核实申请材料的真实性；

（六）对有关设备、设施、工具、场地进行实地核查；

（七）依法进行检验、勘验、监测；

（八）听取利害关系人意见；

（九）举行听证；

（十）召开专家评审会议审查申请材料的真实性。

依照法律、行政法规规定，实施交通行政许可应当通过招标、拍卖等公平竞争的方式作出决定的，从其规定。

**第十四条** 实施机关对交通行政许可申请进行审查时，发现行政许可事项直接关系他人重大利益的，应当告知利害关系人，向该利害关系人送达《交通行政许可征求意见通知书》及相关材料（不包括涉及申请人商业秘密的材料）。

利害关系人有权在接到上述通知之日起5日内提出意见，逾期未提出意见的视为放弃上述权利。

实施机关应当将利害关系人的意见及时反馈给申请人，申请人有权进行陈述和申辩。

实施机关作出行政许可决定应当听取申请人、利害关系人的意见。

**第十五条** 除当场作出交通行政许可决定外，实施机关应当自受理申请之日起20日内作出交通行政许可决定。20日内不能作出决定的，经实施机关负责人批准，可以延长10日，并应当向申请人送达《延长交通行政许可期限通知书》，将延长期限的理由告知申请人。但是，法律、法规另有规定的，从其规定。

实施机关作出行政许可决定，依照法律、法规和规章的规定需要听证、招标、拍卖、检验、检测、检疫、鉴定和专家评审的，所需时间不计算在本条规定的期限内。实施机关应当向申请人送达《交通行政许可期限法定除外时间通知书》，将所需时间书面告知申请人。

**第十六条** 申请人的申请符合法定条件、标准的，实施机关应当依法作出准予行政许可的决定，并出具《交通行政许可决定书》。

依照法律、法规规定实施交通行政许可,应当根据考试成绩、考核结果、检验、检测、检疫结果作出行政许可决定的,从其规定。

第十七条　实施机关依法作出不予行政许可的决定的,应当出具《不予交通行政许可决定书》,说明理由,并告知申请人享有依法申请行政复议或者提起行政诉讼的权利。

第十八条　实施机关在作出准予或者不予许可决定后,应当在10日内向申请人送达《交通行政许可决定书》或者《不予交通行政许可决定书》。

《交通行政许可(当场)决定书》、《交通行政许可决定书》、《不予交通行政许可决定书》,应当加盖实施机关印章,注明日期。

第十九条　实施机关作出准予交通行政许可决定的,应当在作出决定之日起10日内,向申请人颁发加盖实施机关印章的下列行政许可证件:

(一)交通行政许可批准文件或者证明文件;

(二)许可证、执照或者其他许可证书;

(三)资格证、资质证或者其他合格证书;

(四)法律、法规、规章规定的其他行政许可证件。

第二十条　法律、法规、规章规定实施交通行政许可应当听证的事项,或者交通行政许可实施机关认为需要听证的其他涉及公共利益的行政许可事项,实施机关应当在作出交通行政许可决定之前,向社会发布《交通行政许可听证公告》,公告期限不少于10日。

第二十一条　交通行政许可直接涉及申请人与他人之间重大利益冲突的,实施机关在作出交通行政许可决定前,应当告知申请人、利害关系人享有要求听证的权利,并出具《交通行政许可告知听证权利书》。

申请人、利害关系人在被告知听证权利之日起5日内提出听证申请的,实施机关应当在20日内组织听证。

第二十二条　听证按照《行政许可法》第四十八条规定的程序进行。

听证应当制作听证笔录。听证笔录应当包括下列事项:

(一)事由;

(二)举行听证的时间、地点和方式;

(三)听证主持人、记录人等；
(四)申请人姓名或者名称、法定代理人及其委托代理人；
(五)利害关系人姓名或者名称、法定代理人及其委托代理人；
(六)审查该行政许可申请的工作人员；
(七)审查该行政许可申请的工作人员的审查意见及证据、依据、理由；
(八)申请人、利害关系人的陈述、申辩、质证的内容及提出的证据；
(九)其他需要载明的事项。

听证笔录应当由听证参加人确认无误后签字或者盖章。

**第二十三条** 交通行政许可实施机关及其工作人员违反本规定的，按照《行政许可法》和《交通行政许可监督检查及责任追究规定》查处。

**第二十四条** 实施机关应当建立健全交通行政许可档案制度，及时归档，妥善保管交通行政许可档案材料。

**第二十五条** 实施交通行政许可对交通行政许可文书格式有特殊要求的，其文书格式由交通部另行规定。

**第二十六条** 本规定自 2005 年 1 月 1 日起施行。

# 公安机关行政许可工作规定

(2005 年 9 月 17 日公安部令第 80 号公布
自 2005 年 12 月 1 日起施行)

## 第一章 总 则

**第一条** 为了贯彻实施《中华人民共和国行政许可法》(以下简称

《行政许可法》),规范公安行政许可工作,制定本规定。

**第二条** 公安机关实施行政许可及其监督管理,适用本规定。

法律、法规授权实施行政许可的公安机关内设机构,适用本规定有关公安机关的规定。

**第三条** 公安机关实施行政许可,应当遵循合法、公开、公平、公正、便民、高效等原则。

## 第二章 申请与受理

**第四条** 公安机关依照《行政许可法》第三十条规定进行公示可以采取设置公告栏、触摸屏或者查阅本等方式进行。已经建立公共信息网站的公安机关还应当将该条规定的公示内容以及受理机关的地址、咨询电话在网站上公示。

**第五条** 公民、法人或者其他组织依法需要取得公安行政许可的,应当向公安机关提出申请。

申请人可以委托代理人提出行政许可申请,也可以通过信函、电报、电传、传真、电子数据交换和电子邮件等方式提出行政许可申请,但是依法应当由申请人到公安机关办公场所当面提出行政许可申请的除外。

对申请人委托代理人提出行政许可申请的,公安机关应当要求当事人出具授权委托书或者在申请表上委托栏中载明委托人和代理人的简要情况,并签名或者盖章,出示委托人身份证件。

**第六条** 公安机关应当在办公场所便于公众知晓的位置公布受理行政许可的内设机构名称、地址、联系电话。

办公场所分散、行政许可工作量大的公安机关可以设立统一对外、集中受理公安行政许可申请的场所。

**第七条** 同一行政许可需要公安机关多个内设机构办理的,由最先收到申请的机构或者本机关指定的机构统一受理,并负责统一送达行政许可决定。

接到申请的机构应当将行政许可申请转告有关机构分别提出意见后统一办理,或者组织有关机构联合办理。

**第八条** 设区的市级以上公安机关可以将自己负责实施的行政许可,委托县、区公安机关受理。

**第九条** 申请材料有更正痕迹的,受理机关应当要求申请人在更正处签名、盖章或者捺指印确认。

**第十条** 受理机关接到行政许可申请后,应当就下列事项进行初步审查:

(一)申请事项是否属于依法需要取得行政许可的事项;

(二)申请事项是否属于本机关管辖;

(三)申请材料是否齐全和符合法定形式,内容填写是否正确。

**第十一条** 受理机关对申请人提出的行政许可申请,经初步审查,按照下列情形分别作出处理:

(一)依法不需要取得行政许可的,应当即时口头告知申请人不予受理,并说明理由;申请人要求书面决定的,公安机关应当出具不予受理决定书;

(二)申请事项依法不属于本机关职权范围的,应当口头告知申请人向有关行政机关申请;申请人要求书面决定的,公安机关应当出具不予受理决定书;

(三)申请材料存在可以当场更正的错误的,应当允许申请人当场更正,并由申请人签字或者捺指印确认;

(四)申请材料不齐全或者不符合法定形式的,应当当场或者在五日内一次告知申请人需要补正的全部内容;逾期不告知的,自收到申请材料之日起即为受理;

(五)申请事项属于本机关职权范围,申请材料齐全、符合法定形式,或者申请人按照本机关的要求提交全部补正申请材料的,应当受理行政许可申请。

**第十二条** 对申请人通过信函、电报、电传、传真、电子数据交换和电子邮件等方式提出申请的,公安机关应当自收到申请材料之日起五日内按照第十一条的规定分别情形作出处理,并通知申请人。逾期未通知的,视为受理。但因为申请人原因无法通知的除外。

第十三条　公安机关受理行政许可申请的,应当出具受理行政许可申请凭证。受理凭证应当注明申请事项和办理时限、联系人、咨询电话和收到的申请材料的目录,加盖本机关专用章,并注明受理日期。公安机关当场作出行政许可决定的,无需出具受理凭证。

公安机关依据本规定第十一条第(一)项和第(二)项出具的不予受理行政许可申请决定书应当写明理由,告知申请人有申请行政复议或者提起行政诉讼的权利,加盖本机关专用章,并注明日期。

## 第三章　审查与决定

第十四条　公安机关受理行政许可申请后,除依法可以当场作出许可决定外,应当指定工作人员负责对申请材料进行审查。审查人员审查后应当提出明确的书面审查意见并签名。

第十五条　根据法定条件和程序,需要对申请材料的实质内容进行核实的,公安机关应当指派工作人员进行核查。

核查可以采取实地或者实物查看、检验、检测以及询问、调查等方式进行。核查应当制作核查记录,全面、客观地记载核查情况。核查记录应当由核查人员和被核查方签字确认。

第十六条　公安机关在审查行政许可申请时,涉及专业知识或者技术问题的,可以委托专业机构或者专家进行评审,由专业机构或者专家出具评审意见,也可以召开专家评审会。

公安机关不得事先公开专家名单。专家评审会不公开举行,申请人不得参加专家评审会。

公安机关作出最终决定时应当参考专业机构或者专家评审意见。

第十七条　公安机关对行政许可申请进行审查时,发现行政许可事项直接关系他人重大利益或者直接涉及申请人与他人之间重大利益关系的,应当告知利害关系人行政许可事项,并告知申请人、利害关系人有权进行陈述、申辩和要求听证。

对申请人或者利害关系人的陈述和申辩,公安机关应当记录在案,并纳入行政许可审查范围。

申请人或者利害关系人要求听证的,应当在被告知听证权利之日起五日内提出听证申请。公安机关应当在申请人或者利害关系人提出听证申请之日起二十日内组织听证。

**第十八条** 法律、法规、规章规定实施行政许可应当举行听证的事项,或者公安机关认为需要听证的其他涉及公共安全等公共利益的重大行政许可事项,公安机关应当向社会公告,公告期为十日,并在公告期满后二十日内举行听证,公告期不计入公安机关办理行政许可的期限。

公民、法人或者其他组织在公告期内报名参加听证的,公安机关应当登记。公告期内无人报名参加听证的,公安机关应当在案卷中载明,不再举行听证。报名人数过多难以组织安排的,公安机关可从报名者中采取随机方式确定五至十人参加听证。

**第十九条** 行政许可听证由负责审查该行政许可申请的工作人员以外的人员担任听证主持人。

申请人、利害关系人不承担组织听证的费用。

经过听证的行政许可,公安机关应当根据听证笔录,作出行政许可决定;未经听证的证据,不得作为行政许可决定的根据。

**第二十条** 公安机关作出行政许可决定应当经公安机关负责人或者其授权的工作人员批准。

**第二十一条** 公安机关拟作出的行政许可决定对申请人申请的行政许可范围、数量、期限、内容等事项有重大改变的,应当事先告知申请人,征得其同意,并在申请材料上注明。申请人不同意的,依法作出不予许可的决定。

**第二十二条** 公安机关办理行政许可,必须遵循《行政许可法》规定的期限。法律、法规另有规定的,依照其规定。

依法应当先经下级公安机关审查后报上级公安机关决定的行政许

可,下级公安机关应当自其受理行政许可申请之日起二十日内审查完毕,并将审查意见和全部申请材料报送上级公安机关,上级公安机关应当自收到下级公安机关报送的审查意见和申请材料之日起二十日内作出决定。

第二十三条　公安机关依法收取行政许可费用,必须向交费人开具财政部门统一制发的票据。

第二十四条　被许可人申请变更行政许可事项的,按照行政许可申请程序和期限办理。

## 第四章　监督检查

第二十五条　公安机关应当按照《行政许可法》第六章的规定加强对被许可人从事行政许可事项活动的监督检查。

第二十六条　监督检查可以采取下列方式:
（一）实地检查；
（二）抽样检查、检验、检测；
（三）查阅从事行政许可事项活动的相关资料；
（四）其他法律、法规、规章规定的监督检查方式。

第二十七条　公安机关监督检查人员公开对被许可事项进行监督检查时,应当向被许可人出示执法身份证件。对公共场所监督检查时,可以采用暗查方式。

第二十八条　对直接关系公共安全、人身健康、生命财产安全的重要设备、设施,公安机关应当在其职责范围内依法督促设计、建造、安装和使用单位建立健全相应的自检制度。

第二十九条　公安机关监督检查人员在监督检查时,发现直接关系公共安全、人身健康、生命财产安全的重要设备、设施存在安全隐患,能够当场改正的,应当责令设备、设施所属单位当场改正；不能当场改正,无法保证安全的,应当当场口头或者书面责令暂时停止建造、安装或者使用,并在二十四小时内向所属公安机关报告。公安机关应当在接到报告后二日内向建造、安装或者使用单位送达正式处理决定书,责令其限期整改。对属于其他行政机关管辖的,应当及时通知其他行政机关。

被许可单位存在安全隐患,拒不整改的,公安机关应当依法予以处罚或者采取强制措施督促其整改,并可以向社会公布其安全隐患情况,在隐患单位挂牌警示。

**第三十条** 公安机关应当建立健全被许可人档案。

公安机关对被许可人的监督检查情况和处理结果,应当予以记录,并由监督检查人员签字后归档,保留期限为两年,法律、法规和其他规章另有规定的除外。

**第三十一条** 被许可活动属于生产经营活动或者直接涉及公众利益的,公安机关可以公布对被许可人的监督检查情况和处理结果以及对被许可人从事许可活动的评价意见。

被许可活动涉及公共安全的,公安机关可以建立被许可单位的公共安全等级评定制度,并向社会公布被许可单位的公共安全等级。

**第三十二条** 公安机关依照《行政许可法》第六十九条规定撤销行政许可时,应当作出书面决定,并告知被许可人撤销行政许可的法律依据和事实基础,同时责令当事人自行政许可撤销之日起停止从事行政许可事项活动。撤销行政许可应当收回许可证件。当事人拒绝交回的,公安机关应当予以注销,并予公告。

**第三十三条** 公安机关鼓励个人和组织参与对行政许可事项活动的监督。

个人或者组织向公安机关举报违法从事行政许可事项活动,经查证属实的,公安机关可以给予适当奖励。

**第三十四条** 对利害关系人根据《行政许可法》第六十九条规定提出的撤销行政许可请求,公安机关应当进行调查,并自收到撤销行政许可请求之日起一个月内作出处理决定,告知利害关系人。情况复杂,不能在规定期限内调查清楚,作出处理决定的,经公安机关负责人批准,可以延长时限。延长时限不超过一个月。

对在法定复议期限内向上一级公安机关提出撤销行政许可请求的,按照行政复议程序处理。

**第三十五条** 公安机关依法变更或者撤回已经生效的行政许可,应当事前告知被许可人或者向社会公告,并说明理由。

**第三十六条** 公民依法要求查阅行政许可决定或者监督检查记录的,应当出示身份证明。公安机关不能安排当时查阅的,应当向申请人作出解释,并在五日内安排查阅。

查阅人要求复制有关资料的,应当允许。复制费用由查阅人负担。

涉及国家秘密、商业秘密或者个人隐私的许可资料,不予公开。

## 第五章 执法监督

**第三十七条** 上级公安机关及其业务部门应当加强对下级公安机关及其业务部门实施行政许可的监督检查,并将其纳入执法质量考评范围,及时纠正行政许可实施中的违法行为。

公安机关警务督察部门应当加强对行政许可工作的现场督察。

**第三十八条** 公安机关应当建立健全实施行政许可的举报和投诉制度,公布投诉电话或者信箱。对公民、法人或者其他组织的举报或者投诉,应当及时查处。

**第三十九条** 公安机关从事行政许可工作的人员具有下列情形之一的,依法给予行政处分,并可以视情调离行政许可工作岗位;构成犯罪的,依法追究刑事责任:

(一)索取或者收受他人财物或者其他利益的;

(二)玩忽职守或者滥用职权的;

(三)一年内受到二次以上投诉,且投诉属实,情节严重、影响恶劣的;

(四)其他违法违纪情形。

**第四十条** 公安机关从事行政许可的工作人员在实施行政许可工作中有执法过错的,按照《公安机关人民警察执法过错责任追究规定》

追究责任;构成犯罪的,依法追究刑事责任。

## 第六章 附 则

**第四十一条** 公安机关办理非行政许可审批项目,参照本规定执行。

**第四十二条** 公安部其他规章对实施某项行政许可有特别规定的,依照特别规定执行。

**第四十三条** 本规定自2005年12月1日起实行。

# 劳务派遣行政许可实施办法

(2013年6月20日人力资源和社会保障部令第19号公布 自2013年7月1日起施行)

## 第一章 总 则

**第一条** 为了规范劳务派遣,根据《中华人民共和国劳动合同法》《中华人民共和国行政许可法》等法律,制定本办法。

**第二条** 劳务派遣行政许可的申请受理、审查批准以及相关的监督检查等,适用本办法。

**第三条** 人力资源社会保障部负责对全国的劳务派遣行政许可工作进行监督指导。

县级以上地方人力资源社会保障行政部门按照省、自治区、直辖市人力资源社会保障行政部门确定的许可管辖分工,负责实施本行政区域内劳务派遣行政许可工作以及相关的监督检查。

**第四条** 人力资源社会保障行政部门实施劳务派遣行政许可,应当遵循权责统一、公开公正、优质高效的原则。

**第五条** 人力资源社会保障行政部门应当在本行政机关办公场所、网站上公布劳务派遣行政许可的依据、程序、期限、条件和需要提交的全部材料目录以及监督电话,并在本行政机关网站和至少一种全地区性报纸上向社会公布获得许可的劳务派遣单位名单及其许可变更、延续、撤销、吊销、注销等情况。

## 第二章 劳务派遣行政许可

**第六条** 经营劳务派遣业务,应当向所在地有许可管辖权的人力资源社会保障行政部门(以下称许可机关)依法申请行政许可。

未经许可,任何单位和个人不得经营劳务派遣业务。

**第七条** 申请经营劳务派遣业务应当具备下列条件:

(一)注册资本不得少于人民币200万元;

(二)有与开展业务相适应的固定的经营场所和设施;

(三)有符合法律、行政法规规定的劳务派遣管理制度;

(四)法律、行政法规规定的其他条件。

**第八条** 申请经营劳务派遣业务的,申请人应当向许可机关提交下列材料:

(一)劳务派遣经营许可申请书;

(二)营业执照或者《企业名称预先核准通知书》;

(三)公司章程以及验资机构出具的验资报告或者财务审计报告;

(四)经营场所的使用证明以及与开展业务相适应的办公设施设备、信息管理系统等清单;

(五)法定代表人的身份证明;

(六)劳务派遣管理制度,包括劳动合同、劳动报酬、社会保险、工作时间、休息休假、劳动纪律等与劳动者切身利益相关的规章制度文本；拟与用工单位签订的劳务派遣协议样本。

第九条 许可机关收到申请材料后，应当根据下列情况分别作出处理：

（一）申请材料存在可以当场更正的错误的，应当允许申请人当场更正；

（二）申请材料不齐全或者不符合法定形式的，应当当场或者在5个工作日内一次告知申请人需要补正的全部内容，逾期不告知的，自收到申请材料之日起即为受理；

（三）申请材料齐全、符合法定形式，或者申请人按照要求提交了全部补正申请材料的，应当受理行政许可申请。

第十条 许可机关对申请人提出的申请决定受理的，应当出具《受理决定书》；决定不予受理的，应当出具《不予受理决定书》，说明不予受理的理由，并告知申请人享有依法申请行政复议或者提起行政诉讼的权利。

第十一条 许可机关决定受理申请的，应当对申请人提交的申请材料进行审查。根据法定条件和程序，需要对申请材料的实质内容进行核实的，许可机关应当指派2名以上工作人员进行核查。

第十二条 许可机关应当自受理之日起20个工作日内作出是否准予行政许可的决定。20个工作日内不能作出决定的，经本行政机关负责人批准，可以延长10个工作日，并应当将延长期限的理由告知申请人。

第十三条 申请人的申请符合法定条件的，许可机关应当依法作出准予行政许可的书面决定，并自作出决定之日起5个工作日内通知申请人领取《劳务派遣经营许可证》。

申请人的申请不符合法定条件的，许可机关应当依法作出不予行政许可的书面决定，说明不予行政许可的理由，并告知申请人享有依法申请行政复议或者提起行政诉讼的权利。

第十四条 《劳务派遣经营许可证》应当载明单位名称、住所、法定代表人、注册资本、许可经营事项、有效期限、编号、发证机关以及发证日期等事项。《劳务派遣经营许可证》分为正本、副本。正本、副本具有同等法律效力。

《劳务派遣经营许可证》有效期为3年。

《劳务派遣经营许可证》由人力资源社会保障部统一制定样式,由各省、自治区、直辖市人力资源社会保障行政部门负责印制、免费发放和管理。

**第十五条** 劳务派遣单位取得《劳务派遣经营许可证》后,应当妥善保管,不得涂改、倒卖、出租、出借或者以其他形式非法转让。

**第十六条** 劳务派遣单位名称、住所、法定代表人或者注册资本等改变的,应当向许可机关提出变更申请。符合法定条件的,许可机关应当自收到变更申请之日起10个工作日内依法办理变更手续,并换发新的《劳务派遣经营许可证》或者在原《劳务派遣经营许可证》上予以注明;不符合法定条件的,许可机关应当自收到变更申请之日起10个工作日内作出不予变更的书面决定,并说明理由。

**第十七条** 劳务派遣单位分立、合并后继续存续,其名称、住所、法定代表人或者注册资本等改变的,应当按照本办法第十六条规定执行。

劳务派遣单位分立、合并后设立新公司的,应当按照本办法重新申请劳务派遣行政许可。

**第十八条** 劳务派遣单位需要延续行政许可有效期的,应当在有效期届满60日前向许可机关提出延续行政许可的书面申请,并提交3年以来的基本经营情况;劳务派遣单位逾期提出延续行政许可的书面申请的,按照新申请经营劳务派遣行政许可办理。

**第十九条** 许可机关应当根据劳务派遣单位的延续申请,在该行政许可有效期届满前作出是否准予延续的决定;逾期未作决定的,视为准予延续。

准予延续行政许可的,应当换发新的《劳务派遣经营许可证》。

**第二十条** 劳务派遣单位有下列情形之一的,许可机关应当自收到延续申请之日起10个工作日内作出不予延续书面决定,并说明理由：

（一）逾期不提交劳务派遣经营情况报告或者提交虚假劳务派遣经营情况报告，经责令改正，拒不改正的；

（二）违反劳动保障法律法规，在一个行政许可期限内受到2次以上行政处罚的。

第二十一条　劳务派遣单位设立子公司经营劳务派遣业务的，应当由子公司向所在地许可机关申请行政许可；劳务派遣单位设立分公司经营劳务派遣业务的，应当书面报告许可机关，并由分公司向所在地人力资源社会保障行政部门备案。

## 第三章　监督检查

第二十二条　劳务派遣单位应当于每年3月31日前向许可机关提交上一年度劳务派遣经营情况报告，如实报告下列事项：

（一）经营情况以及上年度财务审计报告；

（二）被派遣劳动者人数以及订立劳动合同、参加工会的情况；

（三）向被派遣劳动者支付劳动报酬的情况；

（四）被派遣劳动者参加社会保险、缴纳社会保险费的情况；

（五）被派遣劳动者派往的用工单位、派遣数量、派遣期限、用工岗位的情况；

（六）与用工单位订立的劳务派遣协议情况以及用工单位履行法定义务的情况；

（七）设立子公司、分公司等情况。

劳务派遣单位设立的子公司或者分公司，应当向办理许可或者备案手续的人力资源社会保障行政部门提交上一年度劳务派遣经营情况报告。

第二十三条　许可机关应当对劳务派遣单位提交的年度经营情况报告进行核验，依法对劳务派遣单位进行监督，并将核验结果和监督情况载入企业信用记录。

第二十四条　有下列情形之一的,许可机关或者其上级行政机关,可以撤销劳务派遣行政许可:

(一)许可机关工作人员滥用职权、玩忽职守,给不符合条件的申请人发放《劳务派遣经营许可证》的;

(二)超越法定职权发放《劳务派遣经营许可证》的;

(三)违反法定程序发放《劳务派遣经营许可证》的;

(四)依法可以撤销行政许可的其他情形。

第二十五条　申请人隐瞒真实情况或者提交虚假材料申请行政许可的,许可机关不予受理、不予行政许可。

劳务派遣单位以欺骗、贿赂等不正当手段和隐瞒真实情况或者提交虚假材料取得行政许可的,许可机关应当予以撤销。被撤销行政许可的劳务派遣单位在1年内不得再次申请劳务派遣行政许可。

第二十六条　有下列情形之一的,许可机关应当依法办理劳务派遣行政许可注销手续:

(一)《劳务派遣经营许可证》有效期届满,劳务派遣单位未申请延续的,或者延续申请未被批准的;

(二)劳务派遣单位依法终止的;

(三)劳务派遣行政许可依法被撤销,或者《劳务派遣经营许可证》依法被吊销的;

(四)法律、法规规定的应当注销行政许可的其他情形。

第二十七条　劳务派遣单位向许可机关申请注销劳务派遣行政许可的,应当提交已经依法处理与被派遣劳动者的劳动关系及其社会保险权益等材料,许可机关应当在核实有关情况后办理注销手续。

第二十八条　当事人对许可机关作出的有关劳务派遣行政许可的行政决定不服的,可以依法申请行政复议或者提起行政诉讼。

第二十九条　任何组织和个人有权对实施劳务派遣行政许可中的违法违规行为进行举报,人力资源社会保障行政部门应当及时核实、处理。

## 第四章　法　律　责　任

**第三十条**　人力资源社会保障行政部门有下列情形之一的,由其上级行政机关或者监察机关责令改正,对直接负责的主管人员和其他直接责任人员依法给予处分;构成犯罪的,依法追究刑事责任:

(一)向不符合法定条件的申请人发放《劳务派遣经营许可证》,或者超越法定职权发放《劳务派遣经营许可证》的;

(二)对符合法定条件的申请人不予行政许可或者不在法定期限内作出准予行政许可决定的;

(三)在办理行政许可、实施监督检查工作中,玩忽职守、徇私舞弊,索取或者收受他人财物或者谋取其他利益的;

(四)不依法履行监督职责或者监督不力,造成严重后果的。

许可机关违法实施行政许可,给当事人的合法权益造成损害的,应当依照国家赔偿法的规定给予赔偿。

**第三十一条**　任何单位和个人违反《中华人民共和国劳动合同法》的规定,未经许可,擅自经营劳务派遣业务的,由人力资源社会保障行政部门责令停止违法行为,没收违法所得,并处违法所得1倍以上5倍以下的罚款;没有违法所得的,可以处5万元以下的罚款。

**第三十二条**　劳务派遣单位违反《中华人民共和国劳动合同法》有关劳务派遣规定的,由人力资源社会保障行政部门责令限期改正;逾期不改正的,以每人5000元以上1万元以下的标准处以罚款,并吊销其《劳务派遣经营许可证》。

**第三十三条**　劳务派遣单位有下列情形之一的,由人力资源社会保障行政部门处1万元以下的罚款;情节严重的,处1万元以上3万元以下的罚款:

(一)涂改、倒卖、出租、出借《劳务派遣经营许可证》,或者以其他形式非法转让《劳务派遣经营许可证》的;

(二)隐瞒真实情况或者提交虚假材料取得劳务派遣行政许可的;

(三)以欺骗、贿赂等不正当手段取得劳务派遣行政许可的。

## 第五章　附　　则

**第三十四条**　劳务派遣单位在 2012 年 12 月 28 日至 2013 年 6 月 30 日之间订立的劳动合同和劳务派遣协议,2013 年 7 月 1 日后应当按照《全国人大常委会关于修改〈中华人民共和国劳动合同法〉的决定》执行。

本办法施行前经营劳务派遣业务的单位,应当按照本办法取得劳务派遣行政许可后,方可经营新的劳务派遣业务;本办法施行后未取得劳务派遣行政许可的,不得经营新的劳务派遣业务。

**第三十五条**　本办法自 2013 年 7 月 1 日起施行。

# 气象行政许可实施办法

(2017 年 1 月 18 日中国气象局令第 33 号公布
自 2017 年 5 月 1 日起施行)

## 第一章　总　　则

**第一条**　为了规范气象行政许可行为,保护公民、法人和其他组织的合法权益,保障和监督气象主管机构有效实施行政管理,根据《中华人民共和国行政许可法》、《中华人民共和国气象法》、《人工影响天气管理条例》、《通用航空飞行管制条例》、《气象灾害防御条例》、《气象设施和气象探测环境保护条例》等有关法律、法规的规定,制定本办法。

**第二条** 本办法所称气象行政许可,是指县级以上气象主管机构根据公民、法人或者其他组织的申请,经依法审查,准予其从事特定活动的行为。

**第三条** 实施气象行政许可,适用本办法。

**第四条** 实施气象行政许可,遵循公开、公平、公正的原则。

气象行政许可的规定、技术标准和技术规范应当公布;未经公布的,不得作为实施气象行政许可的依据。气象行政许可的实施和结果,除涉及国家秘密、商业秘密或者个人隐私的外,应当公开。

符合法定条件、标准的,申请人有依法取得气象行政许可的权利。

**第五条** 实施气象行政许可,应当遵循便民、高效原则,提供优质服务,提高办事效率。

**第六条** 公民、法人或者其他组织对气象主管机构实施的气象行政许可,享有陈述权、申辩权;有权依法申请行政复议或者提起行政诉讼;其合法权益受到损害的,有权依法要求赔偿。

**第七条** 依法取得的行政许可,除法律、法规规定依照法定条件和程序可以转让的外,不得转让。

被许可人不得涂改、伪造、倒卖、出租、出借气象行政许可证件或者以其他形式非法转让气象行政许可。

**第八条** 气象主管机构实施气象行政许可,不得在法定条件之外附加其他条件,不得向申请人提出购买指定产品、接受有偿服务等不正当要求。

气象主管机构及其工作人员办理气象行政许可或者实施监督检查,不得索取或者收受申请人财物,不得谋取其他利益。

## 第二章　许可项目与实施机关

**第九条** 气象行政许可由县级以上气象主管机构依照法定的权限、条件和程序在法定职权范围内实施。

**第十条** 下列气象行政许可项目由国务院气象主管机构实施：

（一）大气本底站、国家基准气候站、国家基本气象站迁建审批；

（二）气象专用技术装备（含人工影响天气作业设备）使用审批；

（三）外国组织和个人在华从事气象活动审批；

（四）法律、行政法规规定的由国务院气象主管机构实施的其他气象行政许可项目。

电力、通信防雷装置检测单位资质认定由国务院气象主管机构和国务院电力或者国务院通信主管部门共同认定。

**第十一条** 下列气象行政许可项目由省、自治区、直辖市气象主管机构实施：

（一）除电力、通信以外的防雷装置检测单位资质认定；

（二）升放无人驾驶自由气球、系留气球单位资质认定；

（三）防雷装置设计审核和竣工验收；

（四）新建、扩建、改建建设工程避免危害气象探测环境审批；

（五）除大气本底站、国家基准气候站、国家基本气象站以外的气象台站迁建审批；

（六）升放无人驾驶自由气球或者系留气球活动审批；

（七）法律、法规、地方政府规章规定的由省、自治区、直辖市气象主管机构实施的其他气象行政许可项目。

**第十二条** 下列气象行政许可项目由设区的市级气象主管机构实施：

（一）防雷装置设计审核和竣工验收；

（二）升放无人驾驶自由气球、系留气球单位资质认定；

（三）升放无人驾驶自由气球或者系留气球活动审批；

（四）法律、法规、地方政府规章规定的由设区的市级气象主管机构实施的其他气象行政许可项目。

**第十三条** 下列气象行政许可项目由县级气象主管机构实施：

（一）防雷装置设计审核和竣工验收；

（二）升放无人驾驶自由气球或者系留气球活动审批；

（三）法律、法规、地方政府规章规定的由县级气象主管机构实施的其他气象行政许可项目。

第十四条　防雷装置设计审核和竣工验收，升放无人驾驶自由气球、系留气球单位资质认定，升放无人驾驶自由气球或者系留气球活动审批等气象行政许可项目的审批权限，由省、自治区、直辖市气象主管机构在法定权限内确定。

## 第三章　实施程序

第十五条　公民、法人或者其他组织从事特定活动，依法需要取得气象行政许可的，应当向有关气象主管机构提出申请。申请书需要采用格式文本的，气象主管机构应当向申请人提供气象行政许可申请书格式文本。申请书格式文本中不得包含与申请气象行政许可事项没有直接关系的内容。

申请人可以委托代理人提出气象行政许可申请，委托代理人提出气象行政许可申请的，应当提交授权委托书。授权委托书应当载明授权委托事项、授权范围和时限。

第十六条　建立气象行政许可服务窗口的气象主管机构，由该服务窗口负责统一受理气象行政许可申请，统一送达气象行政许可决定；没有建立服务窗口的，应当由该气象主管机构确定的机构设立专门岗位负责统一受理气象行政许可申请，统一送达气象行政许可决定。

第十七条　气象主管机构应当将法律、法规、规章规定的有关气象行政许可的事项、依据、条件、数量、程序、期限以及需要提交的全部材料的目录和申请书示范文本等信息通过网站或者其他方式向社会公开，便于申请人查询和办理。

申请人要求气象主管机构对公示内容予以说明、解释的，气象主管机构应当说明、解释，提供准确、可靠的信息。

第十八条　申请人申请气象行政许可，应当如实向气象主管机构提交有关材料和反映真实情况，并对其申请材料实质内容的真实性负责。气象主管机构不得要求申请人提交与其申请的气象行政许可事项无关的技术资料和其他材料。

办理气象行政许可的工作人员在收到申请人提交的申请材料后,除依法可以当场作出不予受理决定外,应当及时将收到行政许可申请时间、申请人、申请事项、提交材料情况等进行登记。

**第十九条** 气象主管机构对申请人提出的气象行政许可申请,应当根据下列情况分别作出处理:

(一)申请事项依法不需要取得气象行政许可的,应当即时告知申请人不受理;

(二)申请事项依法不属于本气象主管机构职权范围的,应当即时作出不予受理的决定,并告知申请人向有关行政机关申请;

(三)申请材料存在可以当场更正的错误的,应当允许申请人当场更正;

(四)申请材料不齐全或者不符合法定形式的,应当当场或者在五日内一次告知申请人需要补正的全部内容,逾期不告知的,自收到申请材料之日起即为受理;

(五)申请事项属于本气象主管机构职权范围,申请材料齐全、符合法定形式或者申请人按照本气象主管机构的要求提交全部补正申请材料的,应当受理行政许可申请。

气象主管机构受理或者不予受理行政许可申请,应当出具加盖本气象主管机构专用印章和注明日期的书面凭证。不予受理的,还应当说明理由。

**第二十条** 申请人提交的申请材料齐全、符合法定形式、气象主管机构能够当场作出决定的,应当当场作出书面的行政许可决定。需要对申请材料的实质内容进行核实的,应当指派两名以上工作人员进行核查,制作现场核查记录,并由核查人员和被核查方签字确认。

**第二十一条** 依法应当先经下级气象主管机构审查后报上级气象主管机构决定的气象行政许可,下级气象主管机构受理申请后,应当在法定期限内进行初步审查,审查完毕后将初审建议和全部申请材料直接报送上级气象主管机构。上级气象主管机构不得要求申请人重复提供申请材料。

**第二十二条** 气象主管机构在审查气象行政许可申请时,涉及专业知识或者技术问题需要评审、评价或者检测的,可以委托专业机构或者专家进行评审、评价或者检测,并由专业机构或者专家出具评审、评价建议或者检测报告。

气象主管机构应当参考评审、评价建议或者检测报告作出行政许可决定。

**第二十三条** 法律、法规、规章规定实施气象行政许可应当听证的事项,或者气象主管机构认为需要听证的其他涉及公共利益的重大气象行政许可事项,气象主管机构应当向社会公告,并按照《中华人民共和国行政许可法》的有关规定举行听证。

**第二十四条** 申请人的申请符合法定条件的,气象主管机构应当依法作出准予行政许可的书面决定。气象主管机构依法作出不予行政许可的书面决定的,应当说明理由,并告知申请人享有依法申请行政复议或者提起行政诉讼的权利。

**第二十五条** 气象主管机构作出准予行政许可的决定,依法需要颁发行政许可证件的,应当向申请人颁发加盖本气象主管机构印章的行政许可证件。

气象行政许可证件可以采取以下形式:

(一)许可证或者其他许可证书;

(二)资质证或者其他合格证书;

(三)批准文件或者证明文件;

(四)法律、法规规定的其他行政许可证件。

**第二十六条** 除当场作出行政许可决定的外,气象主管机构应当自受理气象行政许可申请之日起二十日内作出行政许可决定。二十日内不能作出决定的,经本气象主管机构负责人批准,可以延长十日,并应当将延长期限的理由告知申请人。

先经下级气象主管机构审查后报上级气象主管机构决定的气象行

政许可,下级气象主管机构应当自其受理气象行政许可申请之日起二十日内审查完毕。

依法需要听证、评审、评价、检测、鉴定的,应当在受理气象行政许可申请之日起三个月内进行,所需时间不计算在本办法规定的期限内,但应当将所需时间书面告知申请人。

法律、法规另有规定的,依照其规定。

**第二十七条** 被许可人要求变更气象行政许可事项,符合法定条件、标准的,作出行政许可决定的气象主管机构应当在受理申请之日起二十日内依法办理变更手续,并作出准予变更行政许可的决定;不符合法定条件、标准的,应当作出不予变更行政许可的决定。

**第二十八条** 被许可人需要延续依法取得的气象行政许可的有效期的,应当在该行政许可有效期届满三十日前向作出行政许可决定的气象主管机构提出申请。法律、法规、规章另有规定的,依照其规定。

气象主管机构应当根据被许可人的申请,在该行政许可有效期届满前作出是否准予延续的决定;逾期未作决定的,视为准予延续。

## 第四章 监督管理

**第二十九条** 气象主管机构应当对公民、法人或者其他组织从事气象行政许可事项的活动实施监督检查。

气象主管机构依法对被许可人从事行政许可事项的活动进行检查时,应当将检查的情况和处理结果予以记录,由执法检查人员签字后归档。除涉及国家秘密、商业秘密或者个人隐私事项外,公众有权查阅执法检查记录。

**第三十条** 上级气象主管机构应当加强对下级气象主管机构实施行政许可的监督检查,及时纠正实施气象行政许可过程中的违法行为。

气象主管机构的内设机构承担具体业务范围内行政许可的监督检查工作,并以本级气象主管机构的名义开展监督检查。

**第三十一条** 公民、法人或者其他组织发现违法从事气象行政许可事项活动的,有权向气象主管机构举报,气象主管机构应当及时核实、处理。

**第三十二条** 被许可人在作出行政许可决定的气象主管机构管辖区域外违法从事气象行政许可事项活动的,违法行为发生地的气象主管机构应当依法作出处理,并将被许可人的违法事实、处理结果抄告作出行政许可决定的气象主管机构。

**第三十三条** 气象主管机构在执法检查时,发现直接关系公共安全、人身健康、生命财产安全的重要设备、设施存在安全隐患的,应当责令停止使用,并限期改正。

**第三十四条** 有下列情形之一的,作出行政许可决定的气象主管机构或者其上级气象主管机构,根据利害关系人的请求或者依据职权,可以撤销气象行政许可:

(一)气象主管机构工作人员滥用职权、玩忽职守作出准予行政许可决定的;

(二)超越法定职权作出准予行政许可决定的;

(三)违反法定程序作出准予行政许可决定的;

(四)对不具备申请资格或者不符合法定条件的申请人准予行政许可的;

(五)依法可以撤销气象行政许可的其他情形。

依照本条第一款的规定撤销气象行政许可,被许可人的合法权益受到损害的,气象主管机构应当依法给予赔偿。

被许可人以欺骗、贿赂等不正当手段取得气象行政许可的,应当予以撤销。被许可人基于气象行政许可取得的利益不受保护。

**第三十五条** 有下列情形之一的,气象主管机构应当依法办理有关气象行政许可的注销手续。注销行政许可,应当作出书面决定,并告知申请人注销的理由和依据:

(一)气象行政许可有效期届满未延续的;

(二)法人或者其他组织依法终止的;

(三)气象行政许可依法被撤销、撤回,或者气象行政许可证件依法被吊销的；

（四）因不可抗力导致气象行政许可事项无法实施的；

（五）法律、法规规定的应当注销气象行政许可的其他情形。

## 第五章　法　律　责　任

**第三十六条**　气象主管机构及其工作人员违反本办法的规定，有下列情形之一的，由其上级气象主管机构责令改正；情节严重的，对直接负责的主管人员和其他直接责任人员依法给予行政处分：

（一）对符合法定条件的气象行政许可不予受理的；

（二）不在办公场所公示应当公示的材料的；

（三）在受理、审查、决定气象行政许可过程中，未向申请人履行法定告知义务的；

（四）申请人提交的申请材料不齐全、不符合法定形式，不一次告知申请人必须补正全部内容的；

（五）未依法说明不受理气象行政许可申请或者不予气象行政许可理由的；

（六）依法应当举行听证而不举行听证的。

**第三十七条**　气象主管机构工作人员办理气象行政许可、实施监督检查，索取或者收受他人财物或者谋取其他利益，构成犯罪的，依法追究刑事责任；尚不构成犯罪的，依法给予行政处分。

**第三十八条**　气象主管机构实施行政许可，有下列情形之一的，由其上级气象主管机构责令改正，对直接负责的主管人员和其他直接责任人员依法给予行政处分；构成犯罪的，依法追究刑事责任：

（一）对不符合法定条件的申请人准予行政许可或者超越法定职权作出准予行政许可决定的；

（二）对符合法定条件的申请人不予行政许可或者不在法定期限内作出准予行政许可决定的。

**第三十九条**　申请人隐瞒有关情况或者提供虚假材料申请气象行

政许可的,气象主管机构不予受理或者不予行政许可,并给予警告;气象行政许可申请属于施放气球、雷电防护等直接关系公共安全、人身健康、生命财产安全事项的,申请人在一年内不得再次申请该气象行政许可。

**第四十条** 被许可人以欺骗、贿赂等不正当手段取得气象行政许可的,气象主管机构应当撤销该行政许可,可并处三万元以下的罚款;取得的气象行政许可属于施放气球、雷电防护等直接关系公共安全、人身健康、生命财产安全事项的,申请人在三年内不得再次申请该气象行政许可;构成犯罪的,依法追究刑事责任。

**第四十一条** 被许可人有下列行为之一的,由有关气象主管机构按照权限给予警告、责令改正、撤销该气象行政许可,可以并处三万元以下的罚款;构成犯罪的,依法追究刑事责任:

(一)涂改、伪造、倒卖、出租、出借气象行政许可证件,或者以其他形式非法转让气象行政许可的;

(二)超越气象行政许可范围进行活动的;

(三)向负责监督检查的气象主管机构隐瞒有关情况、提供虚假材料或者拒绝提供反映其活动情况的真实材料的。

**第四十二条** 公民、法人或者其他组织未经行政许可,擅自从事依法应当取得气象行政许可的活动的,由有关气象主管机构依照有关法律法规规章进行处罚。

## 第六章 附 则

**第四十三条** 气象主管机构实施行政许可和对行政许可进行监督检查,不得收取任何费用。但是,法律、行政法规另有规定的,依照其规定。

实施气象行政许可所需经费应当列入气象主管机构的财政预算,由财政予以保障。

**第四十四条** 本办法规定的气象主管机构实施气象行政许可的期

限以工作日计算,不含法定节假日。

**第四十五条** 本办法未作规定的事项,按照《中华人民共和国行政许可法》的有关规定执行。

有关部门规章对气象行政许可有特殊规定的,依照其规定。

台湾、香港、澳门地区的组织和个人在中华人民共和国领域及其管辖的其他海域单独或者合作从事气象活动,参照本办法执行。

**第四十六条** 本办法自 2017 年 5 月 1 日起施行。2006 年 11 月 24 日公布的中国气象局第 15 号令《气象行政许可实施办法》和 2008 年 10 月 9 日公布的中国气象局第 17 号令《中国气象局关于修改〈气象行政许可实施办法〉的决定》同时废止。

# 旅游行政许可办法

(2018 年 3 月 9 日国家旅游局令第 46 号公布
自 2018 年 5 月 1 日起施行)

## 第一章 总 则

**第一条** 为了规范旅游行政许可行为,保护公民、法人和其他组织的合法权益,保障和监督旅游主管部门有效实施行政管理,根据《行政许可法》及有关法律、行政法规,结合旅游工作实际,制定本办法。

**第二条** 本办法所称旅游行政许可,是指旅游主管部门及具有旅游行政许可权的其他行政机关根据公民、法人或者其他组织的申请,经依法审查,准予其从事特定活动的行为。

**第三条** 旅游行政许可的设定、实施和监督检查,应当遵守《行政许可法》《旅游法》及有关法律、法规和本办法的规定。

旅游主管部门对其他机关或者对其直接管理的事业单位的人事、财务、外事等事项的审批，不适用本办法。

**第四条** 实施旅游行政许可，应当依照法定的权限、范围、条件和程序，遵循公开、公平、公正的原则。

旅游主管部门应当按照国家有关规定将行政许可事项向社会公布，未经公布不得实施相关行政许可。行政许可的实施和结果，除涉及国家秘密、商业秘密或者个人隐私的外，应当公开。

符合法定条件、标准的，申请人有依法取得旅游行政许可的平等权利，旅游主管部门不得歧视。

**第五条** 实施旅游行政许可，应当遵循便民、高效的原则，以行政许可标准化建设为指引，运用标准化原理、方法和技术，提高办事效率，提供优质服务。

国家旅游局负责建立完善旅游行政许可全国网上审批平台，逐步推动旅游行政许可事项的网上办理和审批。地方各级旅游主管部门应当逐步将本部门旅游行政许可事项纳入或者接入全国网上审批平台统一实施。

实施行政许可的旅游主管部门应当编制旅游行政许可服务指南，建立和实施旅游行政许可信息公开制、一次性告知制、首问责任制、顶岗补位制、服务承诺制、责任追究制和文明服务制等服务制度和规范。

**第六条** 旅游行政规章、规范性文件及其他文件一律不得设定行政许可。

旅游行政规章可以在上位法设定的行政许可事项范围内，对实施该许可作出具体规定，但不得增设行政许可；对行政许可条件作出的具体规定，不得增设违反上位法的其他条件。

**第七条** 公民、法人或者其他组织对旅游主管部门实施行政许可，享有陈述权、申辩权；有权依法申请行政复议或者提起行政诉讼；其合法权益因旅游主管部门违法实施行政许可受到损害的，有权依法要求赔偿。

**第八条** 旅游行政许可决定依法作出即具有法律效力,非经法定程序不得改变。

旅游行政许可所依据的法律、法规、规章修改或者废止,或者准予行政许可所依据的客观情况发生重大变化的,为了公共利益的需要,旅游主管部门可以依法变更或者撤回已经生效的行政许可。由此给公民、法人或者其他组织造成财产损失的,应当依法给予补偿。

## 第二章 实施机关

**第九条** 旅游行政许可由旅游主管部门或者具有旅游行政许可权的其他行政机关在其法定职权范围内实施。

旅游主管部门内设机构和派出机构不得以自己的名义实施行政许可。

**第十条** 旅游主管部门可以在其法定职权范围内委托具有权限的下级旅游主管部门实施行政许可,并应当将受委托的旅游主管部门和委托实施的旅游行政许可事项予以公告。

委托的旅游主管部门对委托行为的后果,依法承担法律责任。

受委托的旅游主管部门在委托范围内,以委托的旅游主管部门名义实施行政许可,不得转委托。

**第十一条** 旅游主管部门应当确定具体承担旅游行政许可办理工作的内设机构(以下简称承办机构)。承办机构的主要职责包括:

(一)受理、审查旅游行政许可申请,并向旅游主管部门提出许可决定建议;

(二)组织旅游行政许可听证工作;

(三)送达旅游行政许可决定和证件;

(四)旅游行政许可的信息统计、信息公开工作;

(五)旅游行政许可档案管理工作;

(六)提供旅游行政许可业务咨询服务;

(七)依法对被许可人从事旅游行政许可事项的活动进行监督

检查。

承办机构需要其他业务机构协助办理的,相关业务机构应当积极配合。

## 第三章 申请与受理

**第十二条** 从事依法需要取得旅游行政许可活动的,应当向行政机关提出申请。申请书需要采用格式文本的,旅游主管部门应当免费提供申请书格式文本和常见错误实例。申请书格式文本中不得包含与申请行政许可事项没有直接关系的内容。

申请人依法委托代理人提出行政许可申请的,应当提交申请人、代理人的身份证明文件和授权委托书。授权委托书应当载明授权委托事项和授权范围。

**第十三条** 旅游主管部门应当将旅游行政许可事项、依据、申请条件、数量限制、办理流程、办结期限及申请材料目录和申请书示范文本等,在办公场所或者受理场所及政务网站公示,方便申请人索取使用、获取信息。

申请人要求对公示内容予以说明、解释的,承办机构应当说明、解释,提供准确、可靠的信息。

**第十四条** 旅游主管部门应当设置一个固定场所作为旅游行政许可业务办理窗口,配备政治素质高、业务能力强、熟悉掌握旅游行政许可业务工作的受理人员,统一受理申请、提供咨询和送达决定,并在办公区域显著位置设立指示标志,引导申请人到受理窗口办理许可业务。

旅游行政许可事项纳入行政服务大厅集中受理的,按照相关规定和要求执行。

**第十五条** 申请人申请行政许可,应当如实向旅游主管部门提交有关材料和反映真实情况,并对其申请材料实质内容的真实性负责。旅游主管部门不得要求申请人提交与其申请的行政许可事项无关的材料。

**第十六条** 受理申请时,旅游行政许可受理人员应当审查下列事项:

(一)申请事项是否属于本部门行政许可受理范围;

(二)申请人或者代理人提交的身份证件和授权委托书是否合法有效,授权事项及范围是否明确;

(三)申请材料中是否明确附有申请人签名或者盖章;

(四)申请人提交的材料是否符合所申请事项的各项受理要求。

**第十七条** 对申请人提出的行政许可申请,旅游主管部门应当根据下列情况分别作出处理:

(一)申请事项依法不需要取得行政许可的,应当即时告知申请人不受理,并向申请人出具《行政许可申请不予受理通知书》,说明理由和依据;

(二)申请事项依法不属于本部门职权范围的,应当即时作出不予受理的决定,并向申请人出具《行政许可申请不予受理通知书》,告知申请人向有关行政机关申请;

(三)申请材料存在文字、计算等可以当场更正的错误的,应当允许申请人当场更正,并告知其在修改处签名或者盖章确认;

(四)申请材料不齐全或者不符合法定形式的,应当当场或者在5日内一次性告知申请人需要补正的全部内容,并向申请人出具《行政许可申请补正材料通知书》。逾期不告知的,自收到申请材料之日起即为受理;

(五)申请人未在规定的期限内提交补正材料,或者提交的材料仍不符合要求但拒绝再补正的,应当作出不予受理的决定,并向申请人出具《行政许可申请不予受理通知书》,说明理由和依据;

(六)申请事项属于本部门职权范围,申请材料齐全、符合法定形式或者申请人依照本部门要求提交全部补正材料的,应当受理行政许可申请,并向申请人出具符合行政许可受理单制度要求的《行政许可申请受理通知书》。

旅游主管部门出具前款规定的相关书面凭证,应当加盖单位印章或者行政许可专用印章,并注明日期。

## 第四章　审查与决定

**第十八条**　旅游主管部门应当根据申请人提交的申请材料,对其是否具备许可条件、是否存在不予许可的情形等进行书面审查;依法需要对申请材料的实质内容进行核实的,应当指派两名以上工作人员进行现场核查。

核查人员在现场核查或者询问时,应当出示证件,并制作现场核查笔录或者询问笔录。现场核查笔录、询问笔录应当如实记载核查的时间、地点、参加人和内容,经被核查人、被询问人核对无误后签名或者盖章,并由核查人员签字。当事人或者有关人员应当如实回答询问,并协助核查。

**第十九条**　旅游主管部门对行政许可申请进行审查时,发现该行政许可事项直接关系他人重大利益的,应当告知该利害关系人。申请人、利害关系人有权进行陈述和申辩。

行政许可办理工作人员对申请人、利害关系人的口头陈述和申辩,应当制作陈述、申辩笔录;经复核,申请人、利害关系人提出的事实、理由成立的,应当采纳。

**第二十条**　申请人在作出行政许可决定前自愿撤回行政许可申请的,旅游主管部门应当准许。

申请人撤回申请的,应当以书面形式提出,并返还旅游主管部门已出具的相关书面凭证。对纸质申请材料,旅游主管部门应当留存复制件,并将原件退回。

**第二十一条**　有下列情形之一的,旅游主管部门应当作出中止审查的决定,并通知申请人:

(一)申请人因涉嫌侵害旅游者合法权益等违法违规行为被行政机关调查,或者被司法机关侦查,尚未结案,对其行政许可事项影响重大的;

(二)申请人被依法采取限制业务活动、责令停业整顿、指定其他机构托管、接管等措施,尚未解除的;

(三)对有关法律、法规、规章的规定,需要进一步明确具体含义,请求有关机关作出解释的;

(四)申请人主动要求中止审查,理由正当的。

法律、法规、规章对前款情形另有规定的,从其规定。

行政许可中止的原因消除后,应当及时恢复审查。中止审查的时间不计算在法定期限内。

**第二十二条** 有下列情形之一的,旅游主管部门应当作出终止审查的决定,并通知申请人:

(一)申请人自愿撤回申请的;

(二)作为申请人的自然人死亡或者丧失行为能力的;

(三)作为申请人的法人或其他组织终止的。

**第二十三条** 旅游主管部门对行政许可申请进行审查后,能够当场作出决定的,应当当场作出书面行政许可决定;不能当场作出决定的,应当在法定期限内按照规定程序作出行政许可决定。

**第二十四条** 申请人的申请符合法定条件、标准的,旅游主管部门应当依法作出准予行政许可的书面决定;不符合法定条件、标准的,旅游主管部门应当依法作出不予行政许可的书面决定,说明理由,并告知申请人享有依法申请行政复议或者提起行政诉讼的权利。

行政许可书面决定应当载明作出决定的时间,并加盖单位印章或者行政许可专用印章。

**第二十五条** 旅游主管部门作出准予行政许可的决定,需要颁发行政许可证件的,应当在法定期限内向申请人颁发加盖单位印章或者行政许可专用印章的行政许可证件。

行政许可证件一般应当载明证件名称、发证机关名称、被许可人名称、行政许可事项、证件编号、发证日期和证件有效期等事项。

**第二十六条** 旅游主管部门可以采取下列方式送达行政许可决定以及其他行政许可文书:

（一）受送达人到旅游主管部门办公场所或者受理场所直接领取，在送达回证上注明收到日期，并签名或者盖章；

（二）邮寄送达的，申请书载明的联系地址为送达地址，受送达人及其代收人应当在邮件回执上签名或者盖章，回执上注明的收件日期为送达日期；

（三）受送达人拒绝接收行政许可文书的，送达人可以邀请有关基层组织或者所在单位的代表到场，说明情况，在送达回证上记明拒收事由和日期，由送达人、见证人签名或者盖章，把许可文书留在受送达人的住所；也可以把许可文书留在受送达人的住所，并采用拍照、录像等方式记录送达过程，即视为送达；

（四）直接送达有困难的，可以委托当地旅游主管部门送达；

（五）无法采取上述方式送达的，可以在公告栏、受送达人住所地张贴公告，也可以在报刊上刊登公告。自公告发布之日起60日后，即视为送达。

**第二十七条** 旅游主管部门作出的准予行政许可决定，应当按照《政府信息公开条例》的规定予以公开，并允许公众查阅。

**第二十八条** 旅游主管部门应当在颁发行政许可证件之日起30日内，逐级向上级旅游主管部门备案被许可人名称、行政许可事项、证件编号、发证日期和证件有效期等事项或者共享相关信息。

## 第五章 听 证

**第二十九条** 法律、法规、规章规定实施旅游行政许可应当听证的事项，或者旅游主管部门认为需要听证的其他涉及公共利益的重大行政许可事项，旅游主管部门应当向社会公告，并举行听证。

**第三十条** 旅游行政许可直接涉及申请人与他人之间重大利益关系的，旅游主管部门应当在作出行政许可决定前发出《行政许可听证告知书》，告知申请人、利害关系人有要求听证的权利。

**第三十一条** 申请人、利害关系人要求听证的，应当在收到旅游主管部门《行政许可听证告知书》之日起 5 日内提交申请听证的书面材料;逾期不提交的,视为放弃听证权利。

第三十二条 旅游主管部门应当在接到申请人、利害关系人申请听证的书面材料后 20 日内组织听证,并在举行听证的 7 日前,发出《行政许可听证通知书》,将听证的事项、时间、地点通知申请人、利害关系人,必要时予以公告。

第三十三条 听证主持人由旅游主管部门从审查该行政许可申请的工作人员以外的人员中指定,申请人、利害关系人认为主持人与该行政许可事项有直接利害关系的,有权申请回避。

第三十四条 行政许可审查工作人员应当在举行听证 5 日前,向听证主持人提交行政许可审查意见的证据、理由等全部材料。申请人、利害关系人也可以提出证据。

第三十五条 听证会按照下列程序公开进行:

(一)主持人宣布会场纪律;

(二)核对听证参加人姓名、年龄、身份,告知听证参加人权利、义务;

(三)行政许可审查工作人员提出审查意见的证据、理由;

(四)申请人、利害关系人进行申辩和质证;

(五)行政许可审查工作人员与申请人、利害关系人就争议事实进行辩论;

(六)行政许可审查工作人员与申请人、利害关系人作最后陈述;

(七)主持人宣布听证会中止、延期或者结束。

第三十六条 对于申请人、利害关系人或者其委托的代理人无正当理由不出席听证、未经听证主持人许可中途退出或者放弃申辩和质证权利退出听证会的,听证主持人可以宣布听证取消或者终止。

第三十七条 听证记录员应当将听证的全部活动制作笔录,由听证主持人和记录员签名。

听证笔录应当经听证参加人确认无误或者补正后,当场签名或者盖章。听证参加人拒绝签名或者盖章的,由听证主持人记明情况,在听证笔录中予以载明。

第三十八条　旅游主管部门应当根据听证笔录,作出行政许可决定。对听证笔录中未认证、记载的事实依据,或者听证结束后申请人提交的证据,旅游主管部门不予采信。

## 第六章　档案管理

第三十九条　旅游主管部门应当按照档案管理法律、法规和标准要求,建立科学的管理制度,配备必要的设施设备,指定专门的人员,采用先进技术,加强旅游行政许可档案管理。

第四十条　旅游行政许可档案管理内容主要包括下列材料:
(一)申请人依法提交的各项申请材料;
(二)旅游主管部门实施许可过程中直接形成的材料;
(三)法律、法规规定需要管理的其他材料。
材料形式应当包括文字、图标、声像等不同形式的记录。

第四十一条　承办机构应当对档案材料进行分类、编号、排列、登记、装订,及时整理立卷,并定期移交本部门档案管理机构归档。

档案交接、保管、借阅、查阅、复制等,应当遵守有关规定,严格履行签收、登记、审批手续。涉及国家秘密的,还应当依照《保密法》及其实施条例的规定办理。

第四十二条　旅游主管部门应当明确有关许可档案的保管期限。保管期限到期时,经鉴定档案无保存价值的,可按有关规定销毁。

## 第七章　监督检查

第四十三条　旅游主管部门应当建立健全旅游行政许可监督检查制度,采取定期或者不定期抽查等方式,对许可实施情况进行监督检查,及时纠正行政许可实施中的违法行为。

旅游主管部门应当制定旅游行政许可实施评价方案,明确评价主体、方式、指标和程序,并组织开展评价,依据评估结果持续提高许可工作质量。

第四十四条 旅游主管部门应当依法对被许可人从事旅游行政许可事项的活动进行监督检查,并将监督检查的情况和处理结果予以记录,由监督检查人员签字后归档。公众有权查阅监督检查记录。

第四十五条 有《行政许可法》规定的撤销、注销情形的,旅游主管部门应当依法作出撤销决定、办理注销手续。

第四十六条 旅游主管部门及其工作人员在实施行政许可、监督检查过程中滥用职权、玩忽职守、徇私舞弊的,由有权机关依法给予行政处分;构成犯罪的,依法追究刑事责任。

第四十七条 行政许可申请人、被许可人有违反《行政许可法》《旅游法》及有关法律、法规和本办法规定行为的,旅游主管部门应当依法给予处理;构成犯罪的,依法追究刑事责任。

公民、法人或者其他组织未经行政许可,擅自从事依法应当取得旅游行政许可的活动的,旅游主管部门应当依法采取措施予以制止,并依法给予行政处罚;构成犯罪的,依法追究刑事责任。

## 第八章 附 则

第四十八条 本办法规定的期限以工作日计算,但第二十六条和第二十八条规定的期限除外。

第四十九条 法规、规章对旅游主管部门实施旅游行政许可有特别规定的,按照有关规定执行。

省、自治区、直辖市人民政府决定旅游行政许可权由其他部门集中行使的,其旅游行政许可的实施参照适用本办法。

第五十条 本办法自 2018 年 5 月 1 日起施行。2006 年 11 月 7 日国家旅游局发布的《国家旅游局行政许可实施暂行办法》同时废止。

# 中华人民共和国
# 海关行政许可管理办法

(2020年12月22日海关总署令第246号公布
自2021年2月1日起施行)

## 第一章 总 则

**第一条** 为了规范海关行政许可管理,保护公民、法人和其他组织的合法权益,维护公共利益和社会秩序,根据《中华人民共和国行政许可法》(以下简称《行政许可法》)、《中华人民共和国海关法》以及有关法律、行政法规的规定,制定本办法。

**第二条** 本办法所称的海关行政许可,是指海关根据公民、法人或者其他组织(以下简称申请人)的申请,经依法审查,准予其从事与海关监督管理相关的特定活动的行为。

**第三条** 海关行政许可的项目管理、实施程序、标准化管理、评价与监督,适用本办法。其他海关规章另有规定的,从其规定。

上级海关对下级海关的人事、财务、外事等事项的审批,海关对其他机关或者对其直接管理的事业单位的人事、财务、外事等事项的审批,不适用本办法。

**第四条** 海关总署统一管理全国海关行政许可工作。

各级海关应当在法定权限内,以本海关的名义统一实施海关行政许可。

海关内设机构和海关派出机构不得以自己的名义实施海关行政许可。

**第五条** 海关实施行政许可,应当遵循公开、公平、公正、非歧视的原则。

有关行政许可的规定应当公开。海关行政许可的实施和结果,除涉及国家秘密、商业秘密或者个人隐私的外,应当公开。

符合法定条件、标准的,申请人有依法取得海关行政许可的平等权利。

**第六条** 海关实施行政许可,应当遵循高效便民的原则,提高审批效率,推进审批服务便民化。

**第七条** 海关应当按照国家行政许可标准化建设相关规定,运用标准化原理、方法和技术,在法律、行政法规、国务院决定和海关规章规定的范围内,实施行政许可、规范行政许可管理。

**第八条** 公民、法人或者其他组织对海关实施行政许可,享有陈述权、申辩权;有权依法申请行政复议或者提起行政诉讼;其合法权益因海关违法实施行政许可受到损害的,有权依法要求赔偿。

## 第二章 行政许可项目管理

**第九条** 海关行政许可项目由法律、行政法规、国务院决定设定。

海关规章、规范性文件一律不得设定海关行政许可。

**第十条** 海关实施法律、行政法规和国务院决定设定的行政许可,需要对实施的程序、条件、期限等进行具体规定的,由海关总署依法制定海关规章作出规定。

海关总署可以根据法律、行政法规、国务院决定和海关规章的规定,以规范性文件的形式对海关行政许可实施过程中的具体问题进行明确。

对实施上位法设定的行政许可作出的具体规定,不得增设行政许可;对行政许可条件作出的具体规定,不得增设违反上位法的其他条件;对行政许可实施过程中具体问题进行明确的,不得增加海关权力、减损申请人合法权益、增加申请人义务。

**第十一条** 公民、法人或者其他组织发现海关规章以及规范性文件有违反《行政许可法》规定的,可以向海关总署或者各级海关反映;对规章以外的有关海关行政许可的规范性文件有异议的,在对不服海关行政许可具体行政行为申请复议时,可以一并申请审查。

**第十二条** 按照国务院行政审批制度改革相关要求,海关行政许可实施清单管理。未列入海关系统行政许可事项清单(以下简称清单)的事项不得实施行政许可。

法律、行政法规或者国务院决定设立、取消、下放海关行政许可的,海关总署应当及时调整清单。

**第十三条** 直属海关应当根据海关总署发布的清单编制、公布本关区负责实施的行政许可清单,并且实施动态管理。

## 第三章 行政许可实施程序

### 第一节 申请与受理

**第十四条** 公民、法人或者其他组织从事与海关监督管理相关的特定活动,依法需要取得海关行政许可的,应当向海关提出书面申请。

海关应当向申请人提供海关行政许可申请书格式文本,并且将法律、行政法规、海关规章规定的有关行政许可的事项、依据、条件、数量、程序、期限以及需要提交的全部材料的目录、申请书示范文本和填制说明在海关网上办理平台和办公场所公示。申请书格式文本中不得包含与申请海关行政许可事项没有直接关系的内容。

申请人可以委托代理人提出海关行政许可申请。依据法律、行政法规的规定,应当由申请人到海关办公场所提出行政许可申请的除外。

**第十五条** 申请人可以到海关行政许可受理窗口提出申请,也可以通过网上办理平台或者信函、传真、电子邮件等方式提出申请,并且对其提交材料的真实性、合法性和有效性负责。海关不得要求申请人提交与其申请的行政许可事项无关的技术资料和其他材料。

申请材料涉及商业秘密、未披露信息或者保密商务信息的,申请人应当以书面方式向海关提出保密要求,并且具体列明需要保密的内容。海关按照国家有关规定承担保密义务。

**第十六条** 海关对申请人提出的海关行政许可申请,应当根据下列情况分别作出处理:

(一)申请事项依法不需要取得海关行政许可的,应当即时告知申请人;

(二)申请事项依法不属于本海关职权范围的,应当即时作出不予受理的决定,并且告知申请人向其他海关或者有关行政机关申请;

(三)申请材料存在可以当场更正的错误的,应当允许申请人当场更正,由申请人在更正处签字或者盖章,并且注明更正日期,更正后申请材料齐全、符合法定形式的,应当予以受理;

(四)申请材料不齐全或者不符合法定形式的,应当当场或者在签收申请材料后五日内一次告知申请人需要补正的全部内容,逾期不告知的,自收到申请材料之日起即为受理;

(五)申请事项属于本海关职权范围,申请材料齐全、符合法定形式,或者申请人按照本海关的要求提交全部补正申请材料的,应当受理海关行政许可申请。

海关受理或者不予受理行政许可申请,或者告知申请人补正申请材料的,应当出具加盖本海关行政许可专用印章并且注明日期的书面凭证。

**第十七条** 除不予受理或者需要补正的情形外,海关行政许可受理窗口收到海关行政许可申请之日,即为受理海关行政许可申请之日;以信函申请的,海关收讫信函之日为受理海关行政许可申请之日;以网上办理平台或者传真、电子邮件提出申请的,申请材料送达网上办理平台或者海关指定的传真号码、电子邮件地址之日为受理海关行政许可申请之日。

申请人提交补正申请材料的,以海关收到全部补正申请材料之日为受理海关行政许可申请之日。

## 第二节　审查与决定

**第十八条**　海关应当对申请人提交的申请材料进行审查。

依法需要对申请材料的实质内容进行核实的,海关可以通过数据共享核实。需要现场核查的,应当指派不少于两名工作人员共同进行。核查人员应当根据核查的情况制作核查记录,并且由核查人员与被核查方共同签字确认。被核查方拒绝签字的,核查人员应当予以注明。

**第十九条**　申请人提交的申请材料齐全、符合法定形式,能够当场作出决定的,应当当场作出书面的海关行政许可决定。

当场作出海关行政许可决定的,应当当场制发加盖本海关印章并且注明日期的书面凭证,同时不再制发受理单。

**第二十条**　申请人的申请符合法定条件、标准的,应当依法作出准予海关行政许可的决定;申请人的申请不符合法定条件、标准的,应当依法作出不予海关行政许可的决定。作出准予或者不予海关行政许可的决定,应当出具加盖本海关印章并且注明日期的书面凭证。

依法作出不予海关行政许可决定的,应当说明理由并且告知申请人享有申请行政复议或者提起行政诉讼的权利。

**第二十一条**　海关作出的准予行政许可决定,应当予以公开,公众有权查阅。

未经申请人同意,海关及其工作人员、参与专家评审等的人员不得披露申请人提交的商业秘密、未披露信息或者保密商务信息,法律另有规定或者涉及国家安全、重大社会公共利益的除外。海关依法公开申请人前述信息的,允许申请人在合理期限内提出异议。

**第二十二条**　申请人在海关作出海关行政许可决定之前,可以向海关书面申请撤回海关行政许可申请。

**第二十三条**　海关作出准予海关行政许可的决定,需要颁发海关

行政许可证件的,应当自作出决定之日起十日内向申请人颁发、送达加盖本海关印章的下列海关行政许可证件:

(一)许可证、执照或者其他许可证书;

(二)资格证、资质证或者其他合格证书;

(三)准予海关行政许可的批准文件或者证明文件;

(四)法律、行政法规规定的其他海关行政许可证件。

**第二十四条** 海关行政许可的适用范围没有地域限制的,申请人取得的海关行政许可在全关境范围内有效;海关行政许可的适用范围有地域限制的,海关作出的准予海关行政许可决定应当注明。

海关行政许可的适用有期限限制的,海关在作出准予海关行政许可的决定时,应当注明其有效期限。

## 第三节 变更与延续

**第二十五条** 被许可人要求变更海关行政许可事项的,应当依法向作出行政许可决定的海关提出变更申请。符合法定条件、标准的,海关应当予以变更。

**第二十六条** 被许可人需要延续依法取得的海关行政许可的有效期的,应当在该行政许可有效期届满三十日前向作出行政许可决定的海关提出申请。法律、行政法规、海关规章另有规定的除外。

海关应当在海关行政许可有效期届满前作出是否准予延续的决定;逾期未作决定的,视为准予延续。

被许可人因不可抗力未能在行政许可有效期届满三十日前提出申请,经海关审查认定申请材料齐全、符合法定形式的,也可以受理。

**第二十七条** 海关作出准予变更行政许可决定或者准予延续行政许可决定的,应当出具加盖本海关印章并且注明日期的书面凭证。海关依法不予办理海关行政许可变更手续、不予延续海关行政许可有效期的,应当说明理由。

## 第四节　听证与陈述申辩

**第二十八条**　法律、行政法规、海关规章规定实施海关行政许可应当听证的事项,或者海关认为需要听证的涉及公共利益的其他重大海关行政许可事项,海关应当向社会公告,并且举行听证。

海关行政许可直接涉及申请人与他人之间重大利益关系的,海关在作出海关行政许可决定前,应当告知申请人、利害关系人享有要求听证的权利。

海关应当根据听证笔录作出海关行政许可决定。

海关行政许可听证的具体办法由海关总署另行制定。

**第二十九条**　海关对行政许可申请进行审查时,发现行政许可事项直接关系他人重大利益的,应当告知申请人、利害关系人,申请人、利害关系人有权进行陈述和申辩。

能够确定具体利害关系人的,应当直接向有关利害关系人出具加盖本海关行政许可专用印章并且注明日期的书面凭证。利害关系人为不确定多数人的,可以公告告知。

告知利害关系人,应当同时随附申请人的申请书及申请材料,涉及国家秘密、商业秘密或者个人隐私的材料除外。

海关应当听取申请人、利害关系人的意见。申请人、利害关系人的陈述和申辩意见应当纳入海关行政许可审查范围。

## 第五节　期　　限

**第三十条**　除当场作出海关行政许可决定的,海关应当自受理海关行政许可申请之日起二十日内作出决定。二十日内不能作出决定的,经本海关负责人批准,可以延长十日,并且将延长期限的理由告知申请人。

法律、行政法规另有规定的,依照其规定。

**第三十一条** 海关行政许可采取联合办理的,办理的时间不得超过四十五日;四十五日内不能办结的,经海关总署批准,可以延长十五日,并且应当将延长期限的理由告知申请人。

**第三十二条** 依法应当先经下级海关审查后报上级海关决定的海关行政许可,下级海关应当根据法定条件和程序进行全面审查,并且于受理海关行政许可申请之日起二十日内审查完毕,将审查意见和全部申请材料直接报送上级海关。上级海关应当自收到下级海关报送的审查意见之日起二十日内作出决定。

法律、行政法规另有规定的,依照其规定。

**第三十三条** 海关作出行政许可决定,依照法律、行政法规需要听证、招标、拍卖、检验、检测、检疫、鉴定和专家评审的,所需时间不计算在本办法规定的期限内。海关应当将所需时间书面告知申请人。

**第三十四条** 由下级海关代收材料并且交由上级海关出具受理单的,所需时间应当计入海关行政许可办理时限。

## 第六节 退出程序

**第三十五条** 海关受理行政许可申请后,作出行政许可决定前,有下列情形之一的,应当终止办理行政许可:

(一)申请人撤回行政许可申请的;

(二)赋予公民、法人或者其他组织特定资格的行政许可,该公民死亡或者丧失行为能力,法人或者其他组织依法终止的;

(三)由于法律、行政法规调整,申请事项不再实施行政许可管理,或者根据国家有关规定暂停实施的;

(四)其他依法应当终止办理行政许可的。

海关终止办理行政许可的,应当出具加盖本海关行政许可专用印章并且注明日期的书面凭证。

**第三十六条** 有下列情形之一的,作出海关行政许可决定的海关或者其上级海关,根据利害关系人的请求或者依据职权,可以撤销海关行政许可：

（一）海关工作人员滥用职权、玩忽职守作出准予海关行政许可决定的；

（二）超越法定职权作出准予海关行政许可决定的；

（三）违反法定程序作出准予海关行政许可决定的；

（四）对不具备申请资格或者不符合法定条件的申请人准予海关行政许可的；

（五）依法可以撤销海关行政许可的其他情形。

被许可人以欺骗、贿赂等不正当手段取得海关行政许可的，应当予以撤销。

依照前两款的规定撤销海关行政许可，可能对公共利益造成重大损害的，不予撤销。

依照本条第一款的规定撤销行政许可，被许可人的合法权益受到损害，海关应当依法给予赔偿。依照本条第二款的规定撤销行政许可的，被许可人基于行政许可取得的利益不受保护。

作出撤销行政许可决定的，应当出具加盖本海关印章并且注明日期的书面凭证。

**第三十七条** 海关不得擅自改变已生效的海关行政许可。

海关行政许可所依据的法律、行政法规、海关规章修改或者废止，或者准予海关行政许可所依据的客观情况发生重大变化，为了公共利益的需要，海关可以依法变更或者撤回已经生效的海关行政许可，由此给公民、法人或者其他组织造成财产损失的，应当依法给予补偿。

补偿程序和补偿金额由海关总署根据国家有关规定另行制定。

**第三十八条** 有下列情形之一的，准予行政许可的海关应当依法办理有关行政许可的注销手续：

（一）海关行政许可有效期届满未延续的；

（二）赋予公民特定资格的行政许可，该公民死亡或者丧失行为能力的；

（三）法人或者其他组织依法终止的；

（四）海关行政许可依法被撤销、撤回，或者行政许可证件依法被吊销的；

（五）因不可抗力导致行政许可事项无法实施的；

（六）法律、行政法规规定的应当注销海关行政许可的其他情形。

被许可人申请注销行政许可的，海关可以注销。

### 第七节　标准化管理

第三十九条　海关总署按照国务院行政许可标准化建设要求，推进行政许可标准化工作，编制行政许可事项受理单、服务指南和审查工作细则。

第四十条　海关总署建设海关行政许可网上办理平台，实行海关行政许可事项网上全流程办理。

各级海关应当鼓励并且引导申请人通过网上办理平台办理海关行政许可，及时指导现场提交申请材料的申请人现场进行网上办理。

第四十一条　各级海关设置专门的行政许可业务窗口，提供咨询服务以及办理向申请人颁发、邮寄行政许可证件或者相关法律文书等事务。

申请人自愿采用线下办理模式的，"一个窗口"可以受理，不得强制申请人进行网上办理。

## 第四章　评价与监督

第四十二条　海关可以对已设定的行政许可的实施情况及存在的必要性适时采取自我评价、申请人评价或者第三方评价等方式，实行满意度评价制度，听取意见和建议。

第四十三条　海关应当加强事中事后监管，通过核查反映被许可人从事海关行政许可事项活动情况的有关材料，履行监督检查责任。

海关可以对被许可人生产经营的产品依法进行抽样检查、检验、检测,对其生产经营场所依法进行实地检查。检查时,海关可以依法查阅或者要求被许可人报送有关材料,被许可人应当如实提供有关情况和材料。

海关依法对被许可人从事海关行政许可事项的活动进行监督检查时,应当将监督检查的情况和处理结果予以记录,由监督检查人员签字,并且归档。

公众有权查阅海关的监督检查记录,但是根据法律、行政法规不予公开或者可以不予公开的除外。

**第四十四条** 海关实施监督检查,不得妨碍被许可人正常的生产经营活动,不得索取或者收受被许可人的财物,不得谋取其他利益。

**第四十五条** 对被许可人在作出海关行政许可决定的海关管辖区域外违法从事海关行政许可事项活动的,违法行为发生地的海关应当依法将被许可人的违法事实、处理结果通报作出海关行政许可决定的海关。

**第四十六条** 公民、法人或者其他组织发现违法从事海关行政许可事项的活动,有权向海关举报,海关应当及时核实、处理。

## 第五章 法律责任

**第四十七条** 海关及海关工作人员违反有关规定的,按照《行政许可法》第七章的有关规定处理。

**第四十八条** 被许可人违反《行政许可法》及有关法律、行政法规、海关规章规定的,海关依法给予行政处罚;构成犯罪的,依法追究刑事责任。

**第四十九条** 行政许可申请人隐瞒有关情况或者提供虚假材料申请行政许可的,海关不予受理或者不予行政许可,并且依据《行政许可法》给予警告;行政许可申请属于直接关系公共安全、人身健康、生命财产安全事项的,申请人在一年内不得再次申请该行政许可。

**第五十条** 被许可人以欺骗、贿赂等不正当手段取得的行政许可属于直接关系公共安全、人身健康、生命财产安全事项的,申请人在三年内不得再次申请该行政许可。

## 第六章 附 则

**第五十一条** 本办法所称的书面凭证包括纸质和电子凭证。符合法定要求的电子凭证与纸质凭证具有同等法律效力。

**第五十二条** 除法律、行政法规另有规定外,海关实施行政许可,不得收取任何费用。

**第五十三条** 海关行政许可的过程应当有记录、可追溯,行政许可档案由海关行政许可实施机关按照档案管理的有关规定进行归档、管理。

**第五十四条** 本办法规定的海关实施行政许可的期限以工作日计算,不含法定节假日。

**第五十五条** 本办法由海关总署负责解释。

**第五十六条** 本办法自2021年2月1日起实施。2004年6月18日海关总署令第117号公布、2014年3月13日海关总署令第218号修改的《中华人民共和国海关实施〈中华人民共和国行政许可法〉办法》同时废止。

# 农业农村部行政许可实施管理办法

(2021年12月14日农业农村部令2021年第3号发布
自2022年1月15日起施行)

## 第一章 总　　则

**第一条** 为了规范农业农村部行政许可实施,维护农业农村领域市场主体合法权益,优化农业农村发展环境,根据《中华人民共和国行政许可法》《优化营商环境条例》等法律法规,制定本办法。

**第二条** 农业农村部行政许可条件的规定、行政许可的办理和监督管理,适用本办法。

**第三条** 实施行政许可应当遵循依法、公平、公正、公开、便民的原则。

**第四条** 农业农村部法规司(以下简称"法规司")在行政许可实施过程中承担下列职责:

(一)组织协调行政审批制度改革,指导、督促相关单位取消和下放行政许可事项、强化事中事后监管;

(二)负责行政审批综合办公业务管理工作,审核行政许可事项实施规范、办事指南、审查细则等,适时集中公布行政许可事项办事指南;

(三)受理和督办申请人提出的行政许可投诉举报;

(四)受理申请人依法提出的行政复议申请。

**第五条** 行政许可承办司局及单位(以下简称"承办单位")在行政许可实施过程中承担下列职责:

（一）起草行政许可事项实施规范、办事指南、审查细则等；

（二）按规定选派政务服务大厅窗口工作人员（以下简称"窗口人员"）；

（三）依法对行政许可申请进行审查，在规定时限内提出审查意见；

（四）对申请材料和行政许可实施过程中形成的纸质及电子文件资料及时归档；

（五）调查核实与行政许可实施有关的投诉举报，并按规定整改反馈；

（六）持续简化行政许可申请材料和办理程序，提高审批效率，提升服务水平；

（七）实施行政许可事中事后监管。

**第六条** 行政许可事项实行清单管理。农业农村部行政许可事项以国务院公布的清单为准，禁止在清单外以任何形式和名义设定、实施行政许可。

## 第二章　行政许可条件的规定和调整

**第七条** 部门规章可以在法律、行政法规设定的行政许可事项范围内，对实施该行政许可作出具体规定。农业农村部规范性文件可以明确行政许可条件的具体技术指标或资料要求，但不得增设违反上位法的条件和程序，不得限制申请人的权利、增加申请人的义务。

部门规章和农业农村部规范性文件应当按照法定程序起草、审查和公布，法律、行政法规、部门规章和农业农村部规范性文件以外的其他文件不得规定和调整行政许可具体条件及其技术指标或资料要求。

**第八条** 行政许可具体条件调整后，承办单位应当及时进行宣传、解读和培训，便于申请人及时了解、地方农业农村部门按规定实施。

**第九条** 行政许可具体条件及其技术指标或资料要求调整后，承办单位应当及时修改实施规范、办事指南、审查细则等，并送法规司审核。

修改后的实施规范、办事指南、审查细则等,承办单位应当及时在农业农村部政务服务平台、国家政务服务平台等载体同源同步更新,确保信息统一。

## 第三章　行政许可申请和受理

**第十条**　申请人可以通过信函、电子数据交换和电子邮件等方式提出行政许可申请。申请书需要采用格式文本的,承办单位应当向申请人免费提供行政许可申请书格式文本。

**第十一条**　农业农村部行政许可的事项名称、依据、条件、数量、程序、期限以及需要提交全部材料的目录和申请书示范文本等,应当在农业农村部政务服务大厅及一体化在线政务服务平台进行公示。

申请人要求对公示内容予以说明、解释的,承办单位或者窗口人员应当说明、解释,提供准确、可靠的信息。

**第十二条**　除直接涉及国家安全、国家秘密、公共安全、生态环境保护,直接关系人身健康、生命财产安全以及重要涉外等情形以外,对行政许可事项要求提供的证明材料实行证明事项告知承诺制。承办单位应当提出实行告知承诺制的事项范围并制作告知承诺书格式文本,法规司统一公布实行告知承诺制的证明事项目录。

**第十三条**　实行告知承诺制的证明事项,申请人可以自主选择是否采用告知承诺制方式办理。

**第十四条**　承办单位不得要求申请人提交法律、行政法规和部门规章、农业农村部规范性文件要求范围以外的材料。

**第十五条**　对申请人提出的行政许可申请,应当根据下列情况分别作出处理:

(一)申请事项依法不需要取得行政许可的,应当即时告知申请人不受理及不受理的理由;

(二)申请事项依法不属于农业农村部职权范围的,应当即时作出不予受理的决定,并告知申请人向有关行政机关申请;

（三）申请材料存在可以当场更正的错误的，应当允许申请人当场更正；

（四）申请材料不齐全或者不符合法定形式的，应当当场或者在五个工作日内一次性告知申请人需要补正的全部内容，逾期不告知的，自收到申请材料之日起即为受理；

（五）申请事项属于农业农村部职权范围，申请材料齐全、符合法定形式，或者申请人按照要求提交全部补正申请材料的，应当受理行政许可申请。

受理或者不予受理行政许可申请，应当出具通知书。通知书应当加盖农业农村部行政审批专用章，并注明日期。

第十六条　申请人在行政许可决定作出前要求撤回申请的，应当书面提出，经承办单位审核同意后，由窗口人员将行政许可申请材料退回申请人。撤回的申请自始无效。

第十七条　农业农村部按照国务院要求建设一体化在线政务服务平台，强化安全保障和运营管理，拓展完善系统功能，推动行政许可全程网上办理。

第十八条　除法律、行政法规另有规定或者涉及国家秘密等情形外，农业农村部行政许可应当纳入一体化在线政务服务平台办理。

第十九条　农业农村部政务服务大厅与一体化在线政务服务平台均可受理行政许可申请，适用统一的办理标准，申请人可以自主选择。

## 第四章　行政许可审查和决定

第二十条　承办单位应当按规定对申请材料进行审查。

申请人提交的申请材料齐全、符合法定形式和有关要求，能够当场作出决定的，应当当场作出书面的行政许可决定。

根据法定条件和程序，需要对申请材料的实质内容进行核实的，承办单位应当指派两名以上工作人员进行核查。

第二十一条　依法应当先经省级人民政府农业农村部门审查后报

农业农村部决定的行政许可,省级人民政府农业农村部门应当在法定期限内将初步审查意见和全部申请材料报送农业农村部。窗口人员和承办单位不得要求申请人重复提供申请材料。

第二十二条 承办单位审查行政许可申请,发现行政许可事项直接关系他人重大利益的,应当在作出行政许可决定前告知利害关系人。申请人、利害关系人有权进行陈述和申辩,承办单位应当听取申请人、利害关系人的意见。申请人、利害关系人依法要求听证的,承办单位应当在二十个工作日内组织听证。

第二十三条 申请人的申请符合规定条件的,应当依法作出准予行政许可的书面决定。

作出不予行政许可的书面决定的,应当说明理由,并告知申请人享有依法申请行政复议或者提起行政诉讼的权利。

第二十四条 除当场作出行政许可决定的情形外,行政许可决定应当在法定期限内按照规定程序作出。行政许可事项办事指南中明确承诺时限的,应当在承诺时限内作出行政许可决定。

第二十五条 在承诺时限内不能作出行政许可决定的,承办单位应当提出书面延期申请并说明理由,会签法规司并报该行政许可决定签发人审核同意后,将延长期限的理由告知申请人,但不得超过法定办理时限。

第二十六条 作出行政许可决定,依法需要听证、检验、检测、检疫、鉴定和专家评审的,所需时间不计算在办理期限内。承办单位应当及时安排、限时办结,并将所需时间书面告知申请人。

第二十七条 农业农村部一体化在线政务服务平台设立行政许可电子监察系统,对行政许可办理时限全流程实时监控,及时予以警示。

第二十八条 窗口人员或者承办单位应当在行政许可决定作出之日起十个工作日内,将行政许可决定通过农业农村部一体化在线政务服务平台反馈申请人,并通过现场、邮政特快专递等方式向申请人颁发、送达许可证件,或者加盖检疫印章。

第二十九条 农业农村部作出的准予行政许可决定应当公开,公众有权查阅。

**第三十条** 农业农村部按照国务院要求推广应用电子证照,逐步实现行政许可证照电子化。承办单位会同法规司制定电子证照标准,制作和管理电子证照,对有效期内存量纸质证照数据逐步实行电子化。

## 第五章 监督管理

**第三十一条** 已取消的行政许可事项,承办单位不得继续实施或者变相实施,不得转由其他单位或组织实施。

**第三十二条** 中介服务事项作为行政许可办理条件的,应当有法律、行政法规或者国务院决定依据。

承办单位不得为申请人指定或者变相指定中介服务机构;除法定行政许可中介服务事项外,不得强制或者变相强制申请人接受中介服务。

农业农村部所属事业单位、主管的社会组织,及其设立的企业,不得开展与农业农村部行政许可相关的中介服务。法律、行政法规另有规定的,依照其规定。

**第三十三条** 承办单位应当对实施的行政许可事项逐项明确监管主体,制定并公布全国统一、简明易行的监管规则,明确监管方式和标准。

**第三十四条** 已取消的行政许可事项,承办单位应当变更监管规则,加强事中事后监管;已下放的行政许可事项,承办单位应当同步调整优化监管层级,确保审批与监管权责统一。

**第三十五条** 承办单位负责同志、直接从事行政许可审查的工作人员,符合法定回避情形的应当回避;直接从事行政许可审查的工作人员应当定期轮岗交流。

**第三十六条** 承办单位及相关人员违反《中华人民共和国行政许可法》和其他有关规定,情节轻微,尚未给公民、法人或者其他组织造成严重财产损失或者严重不良社会影响的,采取通报批评、责令整改等方式予以处理。涉嫌违规违纪的,按照干部管理权限移送纪检监察机关。

涉嫌犯罪的,依法移送司法机关。

第三十七条　申请人隐瞒有关情况或者提供虚假材料申请行政许可的,不予受理或者不予行政许可,并给予警告;行政许可申请属于直接关系公共安全、人身健康、生命财产安全事项的,申请人在一年内不得再次申请该行政许可。法律、行政法规另有规定的,依照其规定。

第三十八条　被许可人以欺骗、贿赂等不正当手段取得行政许可的,应当依法给予行政处罚;取得的行政许可属于直接关系公共安全、人身健康、生命财产安全事项的,申请人在三年内不得再次申请该行政许可。法律、行政法规另有规定的,依照其规定。

## 第六章　附　　则

第三十九条　农业农村部政务服务大厅其他政务服务事项的办理,参照本办法执行。

第四十条　本办法自 2022 年 1 月 15 日起施行。


# 市场监督管理行政许可程序暂行规定

(2019 年 8 月 21 日国家市场监督管理总局令第 16 号公布
根据 2022 年 3 月 24 日国家市场监督管理总局令
第 55 号《关于修改和废止部分规章的决定》修正)

## 第一章　总　　则

第一条　为了规范市场监督管理行政许可程序,根据《中华人民共和国行政许可法》等法律、行政法规,制定本规定。

**第二条** 市场监督管理部门实施行政许可,适用本规定。

**第三条** 市场监督管理部门应当遵循公开、公平、公正、非歧视和便民原则,依照法定的权限、范围、条件和程序实施行政许可。

**第四条** 市场监督管理部门应当按照规定公示行政许可的事项、依据、条件、数量、实施主体、程序、期限(包括检验、检测、检疫、鉴定、专家评审期限)、收费依据(包括收费项目及标准)以及申请书示范文本、申请材料目录等内容。

**第五条** 符合法定要求的电子申请材料、电子证照、电子印章、电子签名、电子档案与纸质申请材料、纸质证照、实物印章、手写签名或者盖章、纸质档案具有同等法律效力。

## 第二章 实 施 机 关

**第六条** 市场监督管理部门应当在法律、法规、规章规定的职权范围内实施行政许可。

**第七条** 上级市场监督管理部门可以将其法定职权范围内的行政许可,依照法律、法规、规章的规定,委托下级市场监督管理部门实施。

委托机关对受委托机关实施行政许可的后果承担法律责任。

受委托机关应当在委托权限范围内以委托机关的名义实施行政许可,不得再委托其他组织或者个人实施。

**第八条** 委托实施行政许可的,委托机关可以将行政许可的受理、审查、决定、变更、延续、撤回、撤销、注销等权限全部或者部分委托给受委托机关。

委托实施行政许可,委托机关和受委托机关应当签订委托书。委托书应当包含以下内容:

(一)委托机关名称;

(二)受委托机关名称;

(三)委托实施行政许可的事项以及委托权限;

(四)委托机关与受委托机关的权利和义务;
(五)委托期限。

需要延续委托期限的,委托机关应当在委托期限届满十五日前与受委托机关重新签订委托书。不再延续委托期限的,期限届满前已经受理或者启动撤回、撤销程序的行政许可,按照原委托权限实施。

**第九条** 委托机关应当向社会公告受委托机关和委托实施行政许可的事项、委托依据、委托权限、委托期限等内容。受委托机关应当按照本规定第四条规定公示委托实施的行政许可有关内容。

委托机关变更、中止或者终止行政许可委托的,应当在变更、中止或者终止行政许可委托十日前向社会公告。

**第十条** 市场监督管理部门实施行政许可,依法需要对设备、设施、产品、物品等进行检验、检测、检疫或者鉴定、专家评审的,可以委托专业技术组织实施。法律、法规、规章对专业技术组织的条件有要求的,应当委托符合法定条件的专业技术组织。

专业技术组织接受委托实施检验、检测、检疫或者鉴定、专家评审的费用由市场监督管理部门承担。法律、法规另有规定的,依照其规定。

专业技术组织及其有关人员对所实施的检验、检测、检疫或者鉴定、评审结论承担法律责任。

## 第三章 准 入 程 序

### 第一节 申请与受理

**第十一条** 自然人、法人或者其他组织申请行政许可需要采用申请书格式文本的,市场监督管理部门应当向申请人提供格式文本。申请书格式文本不得包含与申请行政许可事项没有直接关系的内容。

**第十二条** 申请人可以委托代理人提出行政许可申请。但是,依法应当由申请人本人到市场监督管理部门行政许可受理窗口提出行政许可申请的除外。

委托他人代为提出行政许可申请的,应当向市场监督管理部门提交由委托人签字或者盖章的授权委托书以及委托人、委托代理人的身份证明文件。

**第十三条** 申请人可以到市场监督管理部门行政许可受理窗口提出申请,也可以通过信函、传真、电子邮件或者电子政务平台提出申请,并对其提交的申请材料真实性负责。

**第十四条** 申请人到市场监督管理部门行政许可受理窗口提出申请的,以申请人提交申请材料的时间为收到申请材料的时间。

申请人通过信函提出申请的,以市场监督管理部门收讫信函的时间为收到申请材料的时间。

申请人通过传真、电子邮件或者电子政务平台提出申请的,以申请材料到达市场监督管理部门指定的传真号码、电子邮件地址或者电子政务平台的时间为收到申请材料的时间。

**第十五条** 市场监督管理部门对申请人提出的行政许可申请,应当根据下列情况分别作出处理:

(一)申请事项依法不需要取得行政许可的,应当即时作出不予受理的决定,并说明理由。

(二)申请事项依法不属于本行政机关职权范围的,应当即时作出不予受理的决定,并告知申请人向有关行政机关申请。

(三)申请材料存在可以当场更正的错误的,应当允许申请人当场更正,由申请人在更正处签字或者盖章,并注明更正日期。更正后申请材料齐全、符合法定形式的,应当予以受理。

(四)申请材料不齐全或者不符合法定形式的,应当即时或者自收到申请材料之日起五日内一次告知申请人需要补正的全部内容和合理的补正期限。按照规定需要在告知时一并退回申请材料的,应当予以退回。申请人无正当理由逾期不予补正的,视为放弃行政许可申请,市场监督管理部门无需作出不予受理的决定。市场监督管理部门逾期未告知申请人补正的,自收到申请材料之日起即为受理。

（五）申请事项属于本行政机关职权范围,申请材料齐全、符合法定形式,或者申请人按照本行政机关的要求提交全部补正申请材料的,应当受理行政许可申请。

**第十六条** 市场监督管理部门受理或者不予受理行政许可申请,或者告知申请人补正申请材料的,应当出具加盖本行政机关行政许可专用印章并注明日期的纸质或者电子凭证。

**第十七条** 能够即时作出行政许可决定的,可以不出具受理凭证。

## 第二节 审查与决定

**第十八条** 市场监督管理部门应当对申请人提交的申请材料进行审查。

申请人提交的申请材料齐全、符合法定形式,能够即时作出行政许可决定的,市场监督管理部门应当即时作出行政许可决定。

按照法律、法规、规章规定,需要核对申请材料原件的,市场监督管理部门应当核对原件并注明核对情况。申请人不能提供申请材料原件或者核对发现申请材料与原件不符,属于行政许可申请不符合法定条件、标准的,市场监督管理部门应当直接作出不予行政许可的决定。

根据法定条件和程序,需要对申请材料的实质内容进行核实的,市场监督管理部门应当指派两名以上工作人员进行核查。

法律、法规、规章对经营者集中、药品经营等行政许可审查程序另有规定的,依照其规定。

**第十九条** 市场监督管理部门对行政许可申请进行审查时,发现行政许可事项直接关系他人重大利益的,应当告知该利害关系人,并告知申请人、利害关系人依法享有陈述、申辩和要求举行听证的权利。

申请人、利害关系人陈述、申辩的,市场监督管理部门应当记录。申请人、利害关系人申请听证的,市场监督管理部门应当按照本规定第五章规定组织听证。

**第二十条** 实施检验、检测、检疫或者鉴定、专家评审的组织及其有关人员应当按照法律、法规、规章以及有关技术要求的规定开展工作。

法律、法规、规章以及有关技术要求对检验、检测、检疫或者鉴定、专家评审的时限有规定的,应当遵守其规定;没有规定的,实施行政许可的市场监督管理部门应当确定合理时限。

**第二十一条** 经审查需要整改的,申请人应当按照规定的时限和要求予以整改。除法律、法规、规章另有规定外,逾期未予整改或者整改不合格的,市场监督管理部门应当认定行政许可申请不符合法定条件、标准。

**第二十二条** 行政许可申请符合法定条件、标准的,市场监督管理部门应当作出准予行政许可的决定。

行政许可申请不符合法定条件、标准的,市场监督管理部门应当作出不予行政许可的决定,说明理由并告知申请人享有申请行政复议或者提起行政诉讼的权利。

市场监督管理部门作出准予或者不予行政许可决定的,应当出具加盖本行政机关印章并注明日期的纸质或者电子凭证。

**第二十三条** 法律、法规、规章和国务院文件规定市场监督管理部门作出不实施进一步审查决定,以及逾期未作出进一步审查决定或者不予行政许可决定,视为准予行政许可的,依照其规定。

**第二十四条** 行政许可的实施和结果,除涉及国家秘密、商业秘密或者个人隐私的外,应当公开。

## 第三节 变更与延续

**第二十五条** 被许可人要求变更行政许可事项的,应当向作出行政许可决定的市场监督管理部门提出变更申请。变更申请符合法定条件、标准的,市场监督管理部门应当予以变更。

法律、法规、规章对变更跨辖区住所登记的市场监督管理部门、变更或者解除经营者集中限制性条件的程序另有规定的,依照其规定。

**第二十六条** 行政许可所依据的法律、法规、规章修改或者废止,或者准予行政许可所依据的客观情况发生重大变化的,为了公共利益的需要,市场监督管理部门可以依法变更已经生效的行政许可。由此给自然人、法人或者其他组织造成财产损失的,作出变更行政许可决定的市场监督管理部门应当依法给予补偿。

依据前款规定实施的行政许可变更,参照行政许可撤回程序执行。

**第二十七条** 被许可人需要延续行政许可有效期的,应当在行政许可有效期届满三十日前向作出行政许可决定的市场监督管理部门提出延续申请。法律、法规、规章对被许可人的延续方式或者提出延续申请的期限等另有规定的,依照其规定。

市场监督管理部门应当根据被许可人的申请,在该行政许可有效期届满前作出是否准予延续的决定;逾期未作决定的,视为准予延续。

延续后的行政许可有效期自原行政许可有效期届满次日起算。

**第二十八条** 因纸质行政许可证件遗失或者损毁,被许可人申请补办的,作出行政许可决定的市场监督管理部门应当予以补办。法律、法规、规章对补办工业产品生产许可证等行政许可证件的市场监督管理部门另有规定的,依照其规定。

补办的行政许可证件实质内容与原行政许可证件一致。

**第二十九条** 行政许可证件记载的事项存在文字错误,被许可人向作出行政许可决定的市场监督管理部门申请更正的,市场监督管理部门应当予以更正。

作出行政许可决定的市场监督管理部门发现行政许可证件记载的事项存在文字错误的,应当予以更正。

除更正事项外,更正后的行政许可证件实质内容与原行政许可证件一致。

市场监督管理部门应当收回原行政许可证件或者公告原行政许可证件作废,并将更正后的行政许可证件依法送达被许可人。

## 第四节　终止与期限

**第三十条**　行政许可申请受理后行政许可决定作出前,有下列情形之一的,市场监督管理部门应当终止实施行政许可:

(一)申请人申请终止实施行政许可的;

(二)赋予自然人、法人或者其他组织特定资格的行政许可,该自然人死亡或者丧失行为能力,法人或者其他组织依法终止的;

(三)因法律、法规、规章修改或者废止,或者根据有关改革决定,申请事项不再需要取得行政许可的;

(四)按照法律、行政法规规定需要缴纳费用,但申请人未在规定期限内予以缴纳的;

(五)因不可抗力需要终止实施行政许可的;

(六)法律、法规、规章规定的应当终止实施行政许可的其他情形。

**第三十一条**　市场监督管理部门终止实施行政许可的,应当出具加盖本行政机关行政许可专用印章并注明日期的纸质或者电子凭证。

**第三十二条**　市场监督管理部门终止实施行政许可,申请人已经缴纳费用的,应当将费用退还申请人,但收费项目涉及的行政许可环节已经完成的除外。

**第三十三条**　除即时作出行政许可决定外,市场监督管理部门应当在《中华人民共和国行政许可法》规定期限内作出行政许可决定。但是,法律、法规另有规定的,依照其规定。

**第三十四条**　市场监督管理部门作出行政许可决定,依法需要听证、检验、检测、检疫、鉴定、专家评审的,所需时间不计算在本节规定的期限内。市场监督管理部门应当将所需时间书面告知申请人。

**第三十五条**　市场监督管理部门作出准予行政许可决定,需要颁发行政许可证件或者加贴标签、加盖检验、检测、检疫印章的,应当自作出决定之日起十日内向申请人颁发、送达行政许可证件或者加贴标签、加盖检验、检测、检疫印章。

## 第四章　退出程序

### 第一节　撤　　回

**第三十六条**　有下列情形之一的,市场监督管理部门为了公共利益的需要,可以依法撤回已经生效的行政许可:
(一)行政许可依据的法律、法规、规章修改或者废止的;
(二)准予行政许可所依据的客观情况发生重大变化的。

**第三十七条**　行政许可所依据的法律、行政法规修改或者废止的,国家市场监督管理总局认为需要撤回行政许可的,应当向社会公告撤回行政许可的事实、理由和依据。

行政许可所依据的地方性法规、地方政府规章修改或者废止的,地方性法规、地方政府规章制定机关所在地市场监督管理部门认为需要撤回行政许可的,参照前款执行。

作出行政许可决定的市场监督管理部门应当按照公告要求撤回行政许可,向被许可人出具加盖本行政机关印章并注明日期的纸质或者电子凭证,或者向社会统一公告撤回行政许可的决定。

**第三十八条**　准予行政许可所依据的客观情况发生重大变化的,作出行政许可决定的市场监督管理部门可以根据被许可人、利害关系人的申请或者依据职权,对可能需要撤回的行政许可进行审查。

作出行政许可撤回决定前,市场监督管理部门应当将拟撤回行政许可的事实、理由和依据书面告知被许可人,并告知被许可人依法享有陈述、申辩和要求举行听证的权利。市场监督管理部门发现行政许可事项直接关系他人重大利益的,还应当同时告知该利害关系人。

被许可人、利害关系人陈述、申辩的,市场监督管理部门应当记录。被许可人、利害关系人自被告知之日起五日内未行使陈述权、申辩权的,视为放弃此权利。被许可人、利害关系人申请听证的,市场监督管理部门应当按照本规定第五章规定组织听证。

市场监督管理部门作出撤回行政许可决定的,应当出具加盖本行政机关印章并注明日期的纸质或者电子凭证。

**第三十九条** 撤回行政许可给自然人、法人或者其他组织造成财产损失的,作出撤回行政许可决定的市场监督管理部门应当依法给予补偿。

## 第二节 撤 销

**第四十条** 有下列情形之一的,作出行政许可决定的市场监督管理部门或者其上级市场监督管理部门,根据利害关系人的申请或者依据职权,可以撤销行政许可:

(一)滥用职权、玩忽职守作出准予行政许可决定的;

(二)超越法定职权作出准予行政许可决定的;

(三)违反法定程序作出准予行政许可决定的;

(四)对不具备申请资格或者不符合法定条件的申请人准予行政许可的;

(五)依法可以撤销行政许可的其他情形。

**第四十一条** 被许可人以欺骗、贿赂等不正当手段取得行政许可的,作出行政许可决定的市场监督管理部门或者其上级市场监督管理部门应当予以撤销。

**第四十二条** 市场监督管理部门发现其作出的行政许可决定可能存在本规定第四十条、第四十一条规定情形的,参照《市场监督管理行政处罚程序规定》有关规定进行调查核实。

发现其他市场监督管理部门作出的行政许可决定可能存在本规定第四十条、第四十一条规定情形的,应当将有关材料和证据移送作出行政许可决定的市场监督管理部门。

上级市场监督管理部门发现下级市场监督管理部门作出的行政许可决定可能存在本规定第四十条、第四十一条规定情形的,可以自行调查核实,也可以责令作出行政许可决定的市场监督管理部门调查核实。

**第四十三条** 作出撤销行政许可决定前,市场监督管理部门应当将拟撤销行政许可的事实、理由和依据书面告知被许可人,并告知被许可人依法享有陈述、申辩和要求举行听证的权利。市场监督管理部门发现行政许可事项直接关系他人重大利益的,还应当同时告知该利害关系人。

**第四十四条** 被许可人、利害关系人陈述、申辩的,市场监督管理部门应当记录。被许可人、利害关系人自被告知之日起五日内未行使陈述权、申辩权的,视为放弃此权利。

被许可人、利害关系人申请听证的,市场监督管理部门应当按照本规定第五章规定组织听证。

**第四十五条** 市场监督管理部门应当自本行政机关发现行政许可决定存在本规定第四十条、第四十一条规定情形之日起六十日内作出是否撤销的决定。不能在规定期限内作出决定的,经本行政机关负责人批准,可以延长二十日。

需要听证、检验、检测、检疫、鉴定、专家评审的,所需时间不计算在前款规定的期限内。

**第四十六条** 市场监督管理部门作出撤销行政许可决定的,应当出具加盖本行政机关印章并注明日期的纸质或者电子凭证。

**第四十七条** 撤销行政许可,可能对公共利益造成重大损害的,不予撤销。

依照本规定第四十条规定撤销行政许可,被许可人的合法权益受到损害的,作出被撤销的行政许可决定的市场监督管理部门应当依法给予赔偿。依照本规定第四十一条规定撤销行政许可的,被许可人基于行政许可取得的利益不受保护。

## 第三节 注 销

**第四十八条** 有下列情形之一的,作出行政许可决定的市场监督管理部门依据申请办理行政许可注销手续:

（一）被许可人不再从事行政许可活动，并且不存在因涉嫌违法正在被市场监督管理部门或者司法机关调查的情形，申请办理注销手续的；

（二）被许可人或者清算人申请办理涉及主体资格的行政许可注销手续的；

（三）赋予自然人特定资格的行政许可，该自然人死亡或者丧失行为能力，其近亲属申请办理注销手续的；

（四）因不可抗力导致行政许可事项无法实施，被许可人申请办理注销手续的；

（五）法律、法规规定的依据申请办理行政许可注销手续的其他情形。

**第四十九条** 有下列情形之一的，作出行政许可决定的市场监督管理部门依据职权办理行政许可注销手续：

（一）行政许可有效期届满未延续的，但涉及主体资格的行政许可除外；

（二）赋予自然人特定资格的行政许可，市场监督管理部门发现该自然人死亡或者丧失行为能力，并且其近亲属未在其死亡或者丧失行为能力之日起六十日内申请办理注销手续的；

（三）法人或者其他组织依法终止的；

（四）行政许可依法被撤销、撤回，或者行政许可证件依法被吊销的，但涉及主体资格的行政许可除外；

（五）法律、法规规定的依据职权办理行政许可注销手续的其他情形。

**第五十条** 法律、法规、规章对办理食品生产、食品经营等行政许可注销手续另有规定的，依照其规定。

**第五十一条** 市场监督管理部门发现本行政区域内存在有本规定第四十九条规定的情形但尚未被注销的行政许可的，应当逐级上报或者通报作出行政许可决定的市场监督管理部门。收到报告或者通报的市场监督管理部门依法办理注销手续。

第五十二条　注销行政许可的,作出行政许可决定的市场监督管理部门应当收回行政许可证件或者公告行政许可证件作废。

## 第五章　听证程序

第五十三条　法律、法规、规章规定实施行政许可应当听证的事项,或者市场监督管理部门认为需要听证的其他涉及公共利益的重大行政许可事项,市场监督管理部门应当向社会公告,并举行听证。

行政许可直接涉及行政许可申请人与他人之间重大利益关系,行政许可申请人、利害关系人申请听证的,应当自被告知听证权利之日起五日内提出听证申请。市场监督管理部门应当自收到听证申请之日起二十日内组织听证。行政许可申请人、利害关系人未在被告知听证权利之日起五日内提出听证申请的,视为放弃此权利。

行政许可因存在本规定第三十六条第二项、第四十条、第四十一条规定情形可能被撤回、撤销,被许可人、利害关系人申请听证的,参照本条第二款规定执行。

第五十四条　市场监督管理部门应当自依据职权决定组织听证之日起三日内或者自收到听证申请之日起三日内确定听证主持人。必要时,可以设一至二名听证员,协助听证主持人进行听证。记录员由听证主持人指定,具体承担听证准备和听证记录工作。

与听证的行政许可相关的工作人员不得担任听证主持人、听证员和记录员。

第五十五条　行政许可申请人或者被许可人、申请听证的利害关系人是听证当事人。

与行政许可有利害关系的其他组织或者个人,可以作为第三人申请参加听证,或者由听证主持人通知其参加听证。

与行政许可有关的证人、鉴定人等经听证主持人同意,可以参加听证。

听证当事人、第三人以及与行政许可有关的证人、鉴定人等,不承担市场监督管理部门组织听证的费用。

第五十六条 听证当事人、第三人可以委托一至二人代为参加听证。

委托他人代为参加听证的,应当向市场监督管理部门提交由委托人签字或者盖章的授权委托书以及委托人、委托代理人的身份证明文件。

授权委托书应当载明委托事项及权限。委托代理人代为撤回听证申请或者明确放弃听证权利的,应当具有委托人的明确授权。

第五十七条 听证准备及听证参照《市场监督管理行政处罚听证办法》有关规定执行。

第五十八条 记录员应当如实记录听证情况。听证当事人、第三人以及与行政许可有关的证人、鉴定人等应当在听证结束后核对听证笔录,经核对无误后当场签字或者盖章。听证当事人、第三人拒绝签字或者盖章的,应当予以记录。

第五十九条 市场监督管理部门应当根据听证笔录,作出有关行政许可决定。

## 第六章 送达程序

第六十条 市场监督管理部门按照本规定作出的行政许可相关凭证或者行政许可证件,应当依法送达行政许可申请人或者被许可人。

第六十一条 行政许可申请人、被许可人应当提供有效的联系电话和通讯地址,配合市场监督管理部门送达行政许可相关凭证或者行政许可证件。

第六十二条 市场监督管理部门参照《市场监督管理行政处罚程序规定》有关规定进行送达。

## 第七章 监督管理

第六十三条 国家市场监督管理总局以及地方性法规、地方政府规章制定机关所在地市场监督管理部门可以根据工作需要对本行政机关以及下级市场监督管理部门行政许可的实施情况及其必要性进行评价。

自然人、法人或者其他组织可以向市场监督管理部门就行政许可的实施提出意见和建议。

第六十四条 市场监督管理部门可以自行评价,也可以委托第三方机构进行评价。评价可以采取问卷调查、听证会、论证会、座谈会等方式进行。

第六十五条 行政许可评价的内容应当包括:

(一)实施行政许可的总体状况;

(二)实施行政许可的社会效益和社会成本;

(三)实施行政许可是否达到预期的管理目标;

(四)行政许可在实施过程中遇到的问题和原因;

(五)行政许可继续实施的必要性和合理性;

(六)其他需要评价的内容。

第六十六条 国家市场监督管理总局完成评价后,应当对法律、行政法规设定的行政许可提出取消、保留、合并或者调整行政许可实施层级等意见建议,并形成评价报告,报送行政许可设定机关。

地方性法规、地方政府规章制定机关所在地市场监督管理部门完成评价后,对法律、行政法规设定的行政许可,应当将评价报告报送国家市场监督管理总局;对地方性法规、地方政府规章设定的行政许可,应当将评价报告报送行政许可设定机关。

第六十七条 市场监督管理部门发现本行政机关实施的行政许可存在违法或者不当的,应当及时予以纠正。

上级市场监督管理部门应当加强对下级市场监督管理部门实施行政许可的监督检查,及时发现和纠正行政许可实施中的违法或者不当行为。

第六十八条 委托实施行政许可的,委托机关应当通过定期或者不定期检查等方式,加强对受委托机关实施行政许可的监督检查,及时发现和纠正行政许可实施中的违法或者不当行为。

第六十九条　行政许可依法需要实施检验、检测、检疫或者鉴定、专家评审的,市场监督管理部门应当加强对有关组织和人员的监督检查,及时发现和纠正检验、检测、检疫或者鉴定、专家评审活动中的违法或者不当行为。

## 第八章　法律责任

第七十条　行政许可申请人隐瞒有关情况或者提供虚假材料申请行政许可的,市场监督管理部门不予受理或者不予行政许可,并给予警告;行政许可申请属于直接关系公共安全、人身健康、生命财产安全事项的,行政许可申请人在一年内不得再次申请该行政许可。

第七十一条　被许可人以欺骗、贿赂等不正当手段取得行政许可的,市场监督管理部门应当依法给予行政处罚;取得的行政许可属于直接关系公共安全、人身健康、生命财产安全事项的,被许可人在三年内不得再次申请该行政许可;涉嫌构成犯罪,依法需要追究刑事责任的,按照有关规定移送公安机关。

第七十二条　受委托机关超越委托权限或者再委托其他组织和个人实施行政许可的,由委托机关责令改正,予以通报。

第七十三条　市场监督管理部门及其工作人员有下列情形之一的,由其上级市场监督管理部门责令改正;情节严重的,对直接负责的主管人员和其他直接责任人员依法给予行政处分:

(一)对符合法定条件的行政许可申请不予受理的;

(二)未按照规定公示依法应当公示的内容的;

(三)未向行政许可申请人、利害关系人履行法定告知义务的;

(四)申请人提交的申请材料不齐全或者不符合法定形式,未一次告知申请人需要补正的全部内容的;

(五)未依法说明不予受理行政许可申请或者不予行政许可的理由的;

（六）依法应当举行听证而未举行的。

## 第九章 附 则

**第七十四条** 本规定下列用语的含义：

行政许可撤回，指因存在法定事由，为了公共利益的需要，市场监督管理部门依法确认已经生效的行政许可失效的行为。

行政许可撤销，指因市场监督管理部门与被许可人一方或者双方在作出行政许可决定前存在法定过错，由市场监督管理部门对已经生效的行政许可依法确认无效的行为。

行政许可注销，指因存在导致行政许可效力终结的法定事由，市场监督管理部门依据法定程序收回行政许可证件或者确认行政许可证件作废的行为。

**第七十五条** 市场监督管理部门在履行职责过程中产生的行政许可准予、变更、延续、撤回、撤销、注销等信息，按照有关规定予以公示。

**第七十六条** 除法律、行政法规另有规定外，市场监督管理部门实施行政许可，不得收取费用。

**第七十七条** 本规定规定的期限以工作日计算，不含法定节假日。按照日计算期限的，开始的当日不计入，自下一日开始计算。

本规定所称"以上"，包含本数。

**第七十八条** 药品监督管理部门和知识产权行政部门实施行政许可，适用本规定。

**第七十九条** 本规定自 2019 年 10 月 1 日起施行。2012 年 10 月 26 日原国家质量监督检验检疫总局令第 149 号公布的《质量监督检验检疫行政许可实施办法》同时废止。

# 最高人民法院关于审理
# 行政许可案件若干问题的规定

(2009年11月9日最高人民法院审判委员会第1476次会议通过 2009年12月14日公布 自2010年1月4日起施行 法释〔2009〕20号)

为规范行政许可案件的审理,根据《中华人民共和国行政许可法》(以下简称行政许可法)、《中华人民共和国行政诉讼法》及其他有关法律规定,结合行政审判实际,对有关问题作如下规定:

第一条 公民、法人或者其他组织认为行政机关作出的行政许可决定以及相应的不作为,或者行政机关就行政许可的变更、延续、撤回、注销、撤销等事项作出的有关具体行政行为及其相应的不作为侵犯其合法权益,提起行政诉讼的,人民法院应当依法受理。

第二条 公民、法人或者其他组织认为行政机关未公开行政许可决定或者未提供行政许可监督检查记录侵犯其合法权益,提起行政诉讼的,人民法院应当依法受理。

第三条 公民、法人或者其他组织仅就行政许可过程中的告知补正申请材料、听证等通知行为提起行政诉讼的,人民法院不予受理,但导致许可程序对上述主体事实上终止的除外。

第四条 当事人不服行政许可决定提起诉讼的,以作出行政许可决定的机关为被告;行政许可依法须经上级行政机关批准,当事人对批准或者不批准行为不服一并提起诉讼的,以上级行政机关为共同被告;

行政许可依法须经下级行政机关或者管理公共事务的组织初步审查并上报,当事人对不予初步审查或者不予上报不服提起诉讼的,以下级行政机关或者管理公共事务的组织为被告。

**第五条** 行政机关依据行政许可法第二十六条第二款规定统一办理行政许可的,当事人对行政许可行为不服提起诉讼,以对当事人作出具有实质影响的不利行为的机关为被告。

**第六条** 行政机关受理行政许可申请后,在法定期限内不予答复,公民、法人或者其他组织向人民法院起诉的,人民法院应当依法受理。

前款"法定期限"自行政许可申请受理之日起计算;以数据电文方式受理的,自数据电文进入行政机关指定的特定系统之日起计算;数据电文需要确认收讫的,自申请人收到行政机关的收讫确认之日起计算。

**第七条** 作为被诉行政许可行为基础的其他行政决定或者文书存在以下情形之一的,人民法院不予认可:

(一)明显缺乏事实根据;

(二)明显缺乏法律依据;

(三)超越职权;

(四)其他重大明显违法情形。

**第八条** 被告不提供或者无正当理由逾期提供证据的,与被诉行政许可行为有利害关系的第三人可以向人民法院提供;第三人对无法提供的证据,可以申请人民法院调取;人民法院在当事人无争议,但涉及国家利益、公共利益或者他人合法权益的情况下,也可以依职权调取证据。

第三人提供或者人民法院调取的证据能够证明行政许可行为合法的,人民法院应当判决驳回原告的诉讼请求。

**第九条** 人民法院审理行政许可案件,应当以申请人提出行政许可申请后实施的新的法律规范为依据;行政机关在旧的法律规范实施期间,无正当理由拖延审查行政许可申请至新的法律规范实施,适用新的法律规范不利于申请人的,以旧的法律规范为依据。

第十条 被诉准予行政许可决定违反当时的法律规范但符合新的法律规范的,判决确认该决定违法;准予行政许可决定不损害公共利益和利害关系人合法权益的,判决驳回原告的诉讼请求。

第十一条 人民法院审理不予行政许可决定案件,认为原告请求准予许可的理由成立,且被告没有裁量余地的,可以在判决理由写明,并判决撤销不予许可决定,责令被告重新作出决定。

第十二条 被告无正当理由拒绝原告查阅行政许可决定及有关档案材料或者监督检查记录的,人民法院可以判决被告在法定或者合理期限内准予原告查阅。

第十三条 被告在实施行政许可过程中,与他人恶意串通共同违法侵犯原告合法权益的,应当承担连带赔偿责任;被告与他人违法侵犯原告合法权益的,应当根据其违法行为在损害发生过程和结果中所起作用等因素,确定被告的行政赔偿责任;被告已经依照法定程序履行审慎合理的审查职责,因他人行为导致行政许可决定违法的,不承担赔偿责任。

在行政许可案件中,当事人请求一并解决有关民事赔偿问题的,人民法院可以合并审理。

第十四条 行政机关依据行政许可法第八条第二款规定变更或者撤回已经生效的行政许可,公民、法人或者其他组织仅主张行政补偿的,应当先向行政机关提出申请;行政机关在法定期限或者合理期限内不予答复或者对行政机关作出的补偿决定不服的,可以依法提起行政诉讼。

第十五条 法律、法规、规章或者规范性文件对变更或者撤回行政许可的补偿标准未作规定的,一般在实际损失范围内确定补偿数额;行政许可属于行政许可法第十二条第(二)项规定情形的,一般按照实际投入的损失确定补偿数额。

**第十六条** 行政许可补偿案件的调解,参照最高人民法院《关于审理行政赔偿案件若干问题的规定》的有关规定办理。

**第十七条** 最高人民法院以前所作的司法解释凡与本规定不一致的,按本规定执行。